田中角栄の言葉

人を動かす極意

桑原晃弥

イースト・プレス

はじめに

２０２５年2月7日（日本時間8日）、日本の石破茂首相と、アメリカのドナルド・トランプ大統領による日米首脳会談が開かれました。大きな波乱もなく、まずは無難に初顔合わせが終了したというところでしょうか。両者の会談を見ながら、歴史に「もし」はないと知りつつも、「もし石破首相の代わりに田中角栄がトランプ大統領と対峙したらどうなっていたのか」と想像したくなったのは私だけではないかもしれません。

角栄とトランプはよく似ています。角栄が貧しい農家に生まれ、小学校しか卒業していないのに対し、トランプは成功した不動産業者の家に生まれ、名門のペンシルベニア大学ウォートン・スクール卒業のエリートという違いはあるものの、共に不動産業で成功をおさめ、ものごとを大きく考え、そして実現することが得意、どちらも大のゴルフ好きというくつもの共通点があります。

もし2人が顔を合わせていれば、共にタフなネゴシエーターぶりを発揮する一方、安倍晋三元首相がそうであったように、角栄とトランプは2人でゴルフにも興じたのではないでしょうか。

角栄が亡くなったのは1993年ですから、既に30年以上の歳月が過ぎ去ったわけですが、それでもなおこうした「もし角栄が生きていたら」と想像させるところに政治家・田中角栄の魅力があります。

それは同時に今の政治や政治家に対し、人々が物足りなさを感じている証しかもしれません。

とはいえ、「もし角栄が生きていたら」と昔を懐かしがってばかりいては「今」を生きることはできません。

「第二の田中角栄」が望めないのなら、自分が「次なる田中角栄」になればいいというのが本書の狙いです。

なかには「えっ、政治家になんかなれないよ」と思う人もいるかもしれませんが、角栄の持っていた力、すなわち、

①構想力（明確なビジョンを掲げる）
②決断力と実行力（決めたことは責任を持って実行する）
③人を動かす力（圧倒的なスピーチ力と人心掌握術）
④人を育てる力（若い力を見出して鍛え育てる）
⑤経済力（お金のつくり方と使い方）
⑥耐える力（難局や逆境での耐える力と乗り越える力）

これらはビジネスの世界で生きるビジネスパーソン、特にリーダーを目指す人やリーダー層にとっても大切な力と言えます。

ビジネスの世界は今、ＡＩをはじめとする新たな技術が次々と開発される一方で、予想以上の速さで少子化が進むなど、誰もが初めて経験する課題に直面しています。

この時代にリーダーであること、リーダーを目指すというのは大変なことだと思いますが、だからこそ角栄的な大きな構想を掲げ、責任を持って決断し、そして人を動かす力が必要になってきます。本書で紹介した言葉の数々は角栄が政治家としてさまざまな難題にぶつかりながら発したものばかりです。

今という時代は目標を持ちにくい、生きづらい時代ですが、だからこそ角栄の言葉から学べるものもたくさんあるのではないでしょうか。

本書が今を生きるみなさまの支えとなれば幸いです。

本書の執筆と出版には、イースト・プレスの島村真佐利氏にご尽力いただきました。感謝申し上げます。

桑原晃弥

Contents

Kakuei Tanaka Quotes

第2章 決断力と実行力

第3章 人を動かす力

第4章 人を育てる力

第5章 経済力

第6章 耐える力

第1章
構想力

明確なビジョンを掲げる

田中角栄は15歳で上京し、19歳で建築事務所を設立し、当時の一大コンツェルン「理研」と組むことで朝鮮半島や日本を舞台に手広く仕事をしています。経営者として「生きた経済」に接することで磨かれたのが田中角栄の「先を読む力」です。この力は政治家となってからいかんなく発揮され、数々の議員立法を成立させたほか、1972年には「日本列島改造論」を発表、日本の未来像を描いています。リーダーに求められるのは目先の課題解決だけでなく、先を見たビジョンを掲げることです。信じられるビジョンがあってこそ人は付いていくことができるのです。

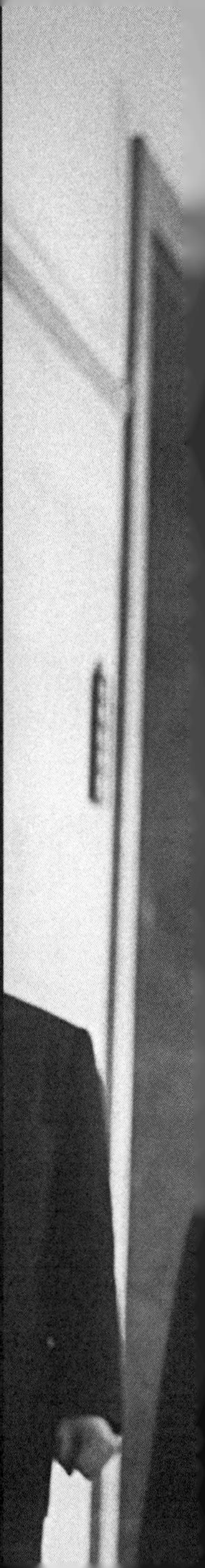

01

Kakuei Tanaka Quotes

リーダーは暮らしを
良くするためにいる。

政治とは何か。
生活である。

『田中角栄　頂点をきわめた男の物語』、281頁

「政治とは何か」と問えば、さまざまな答えがかえってきます。経済を重視する人もいれば、外交を何より重視する人もいます。国を富ませ、国を守るということなのでしょうが、田中角栄の答えは「政治とは生活だ」でした。角栄の秘書だった早坂茂三にこう話しています。

「政治とは国民の暮らしをよくするためにある。政治が国民の手の挙げ方、足の運び方まで指図する必要はない。政治の仕事は国民の邪魔になる小石を丹念に拾って棄てる。国の力でなければ壊せない岩を砕いて道を開ける。それだけでよい。いい政治というのは、国民生活の片隅にあるものだ。目立たず、つましく、国民の後ろに控えている。吹き過ぎていく嵐——政治はそれでよい」

角栄が政治家になったのは戦後の復興期だけに、国民の多くは貧しく、企業もまだ今日のような力は持っていませんでした。だからこそ角栄は国民を「飯が食えない」「住む家がない」「子どもを学校にやれない」という状態から引き上げることを何より重視していました。それが「政治とは生活だ」という考えにつながったわけですが、たしかに国民が政治に望むトップは「誰もが心配なく安心して生活できる」ことなのかもしれません。

ポイント

「自分の仕事は何のため、誰のためにあるのか」を考えろ。

02

Kakuei Tanaka Quotes

リーダーの目標は、みんなが楽しく
暮らせる快適な環境をつくること。

働く人たちに
家も与えずして
何が民主主義か。

『決定版　私の田中角栄日記』、44頁

田中角栄は終戦後に朝鮮から日本に引き揚げてきて、戦後の廃墟の中に立って、家もない、食べるものもない人々の生活を目の当たりにしています。トタン屋根のバラック住まいと、闇市で入手するわずかな食べ物で暮らすしかない人々を見て、「世の中のために、私のなしうる何かをしなければならないと心の奥で激しく感じた」と振り返っています。

やがて政治家になった角栄は１９４７年12月の衆院委員会で、住宅の不足は全国で約６００万戸あるにもかかわらず、経済安定本部の計画では、住宅の供給は年間24万戸と聞いて激怒します。角栄は国会で住宅問題を取り上げ、片山哲首相に「戦前に復帰するのにこのままでは30年もかかる。働く人たちに家も与えずして何が民主主義か」と迫ります。角栄にとって住宅というのは「一家団欒《だんらん》の所、魂の安息所、思想の温床」であり、安らげる住宅があってこそ一家団欒が可能になる、とても大切な場所だったのです。後年、角栄はこう話しています。

「おれの国土政策の目標は年寄りも孫も一緒に楽しく暮らせる快適な環境をつくること」

政治の役目はやはり国民の安心と安全を守ることにあるのです。

ポイント

最優先でやるべきことは何かを考えろ。

03

Kakuei Tanaka Quotes

どんな場所でも平等に
豊かでなければならない。

**新潟と群馬の境にある
三国峠を切り崩してしまう。
そうすれば、
越後に雪は降らなくなる。**

『田中角栄　頂点をきわめた男の物語』、119頁

政治家の選挙演説というのは面白いものではありません。大所高所《たいしょこうしょ》から国家のことを語るか、選挙民にウケのよい甘い政策を口にする、あるいは政権を批判するといったところですが、1946年3月、初めて衆議院選挙に立候補した田中角栄の演説は一風変わったものでした。告示を翌日に控えた3月10日、角栄は散髪をして、下着を替え、モーニングを着て演説会に臨みます。他の候補者が「農民と労働者は」「憲法第〇条は」と喋りまくる中、角栄はこう訴えます。

「みなさーん、この新潟と群馬の境にある三国峠を切り崩してしまう。そうすれば、日本海の季節風は太平洋側に抜けて、越後に雪は降らなくなる。みんなが大雪に苦しむことはなくなるのであります。切り崩した土は日本海へ持って行く」

雪国育ちの角栄にとって雪は厳しい生活を強いる、出稼ぎの父親と家族を引き裂くものでした。だったら、三国峠を切り崩してその元を絶てばいいという発想です。のちの上越新幹線や関越自動車道などにつながる発想とも言えますが、角栄にとって政治というのは都会も雪国も平等に豊かにするものでなければならなかったのです。

ポイント　人に笑われるような発想からイノベーションは生まれる。

04

Kakuei Tanaka Quotes

最も辛い環境にいる人に
思いをはせる。

丸の内で
酔っ払って倒れても、
命に別状はない。
同じことを北海道で
やったらどうなるか。

『田中角栄のふろしき』、94頁

田中角栄の『日本列島改造論』が発表されたのは1972年6月のことです。角栄の人気と相まって日本中にブームを巻き起こすことになりますが、この本の執筆、編集にあたったのは通産官僚3〜4人と日刊工業新聞の記者たちを合わせて十数人ですが、角栄は彼らを前に4日間にわたって、朝から晩まで、国土開発の必要性や意味、経済合理性を語り続けたといいます。

『田中角栄のふろしき』によると、これだけの長時間の話だと、聞く方はたいてい嫌になるものですが、誰もが角栄の話に引き込まれたというのです。こう語りかけます。

「君らが東京の丸の内で酔っ払って倒れても、救急車で運ばれて一晩休めば命に別状はない。同じことを北海道でやったらどうなるか。そういう格差はなくす。それが日本列島改造論だ」

都会の人間にとって雪はロマンでも、雪国の人間にとっては生活との闘いになります。角栄はこうした話を通して聞き手を引き込み、納得させます。ビジョンは自分の言葉で語れば聞き手に伝わり、納得させることができて実現へと向かうことができるのです。

ポイント

ビジョンは可能な限り分かりやすく熱く語りかけろ。

05

Kakuei Tanaka Quotes

理念を語るだけでなく、
その裏付けとなる財源も手当てする。

日本の産業の
根本的な再興をするためには
道路整備以外ないんだ。

『ザ・越山会』、136頁

車のユーザーはさまざまな税金を負担していますが、そのうちのガソリン税は主に道路整備の財源に使用することになっています。1952年から56年にかけて遅れている道路整備を推し進めるために①道路法、②ガソリン税法、③有料道路法からなる「道路三法」が相次いで成立しますが、これらの法律はいずれも田中角栄が中心となってつくり上げた議員立法であり、その成立のためにほとんど一人で委員会答弁などを務めています。

当時の日本は東京や大阪といった「表日本（太平洋側）」を中心に鉄道や道路などの整備が進められ、角栄の言う「裏日本（日本海側）」や、表日本と裏日本をつなぐ道路などは未整備のままになっていました。これでは地域格差が広がる一方です。角栄は「日本再建の基礎は道路だ」という信念の下、道路整備を求めるだけでなく、そのために欠くことのできない財源を捻出するべくガソリン税法などを成立させています。「アメリカではガソリンの税金を道路整備財源にあてている」という情報をもとに議員立法を提案、特定財源を嫌う大蔵省や、増税を嫌う石油・運輸業界の反対を押し切って成立させますが、根底にあったのは「裏日本の格差是正」「日本再建」という誰もが認めざるを得ない一貫した信念でした。

ポイント

理念を語れ、しかしお金を含むビジネスの視点も忘れるな。

06

Kakuei Tanaka Quotes

人が活発になる
環境を整える。

赤字でも鉄道を築いたから、
100年かかって北海道は
人口が560万人になった。

『田中角栄の3分間スピーチ』、20頁

かつて「鉄道が消えると街は廃れる」という説が信じられていたことがあります。今の時代、地方に行けば行くほど車での移動が当たり前になり、駅がなくなるとか、鉄道が廃線になるとかが「街が廃れる」ほどの影響を与えるかどうかについては疑問を呈する人も増えていますが、ある時期まではたしかに鉄道の有無は街の発展と深く関わっていました。

田中角栄は『日本列島改造論』をはじめ新幹線の新設など、地方と都会を道路や鉄道によってつなぐことに熱心でした。「むしろ人口の少ない地域に駅を計画的に造り、その駅を拠点にして地域開発を進めるようにしなければならない」と主張していました。

こうしたやり方は「我田引鉄」と批判されることもありましたが、ある時の演説では「北海道の鉄道は100年赤字だ。赤字でも鉄道を引いたから、100年かかって北海道は、4万の人口が560万人になった。北海道から鉄道をはずしてごらんなさい。熊だけになってしまう」と笑いを誘いながらも本気で主張しています。北海道に鉄道が引かれてから約150年になりますが、鉄道は次々に廃線になり、少子化も影響するとはいえ、人口は今、500万人余りです。角栄には確固たるビジョンと伝える力がありました。

ポイント

ビジョンは数字の裏付けを持ち、分かりやすく語ろう。

07

Kakuei Tanaka Quotes

経済合理性だけで考えるな。

その人たちに
欠かせないものならば、
億単位の金をつぎこみ、
トンネルをつけるのが
政治だ。

『異形の将軍』上、266頁

2024年元日に能登地方を襲った地震は多くのインフラを破壊し、道路なども寸断するという大きな被害を与えています。復興に際し、人口が減少傾向にある能登地方を「元の姿に戻す」必要があるかどうかに否定的な意見を述べる人たちがいましたが、はたしてそれは正しいことなのでしょうか？

若き日の田中角栄が力を入れたのは、山を越えて一日がかりで町へ出る集落と街の間にトンネルを掘り、道をつくること。そして、橋がなくて川沿いに何時間もかけて迂回する村に橋をかけることでした。こうした要望に対して官僚からは「何十億円もかけて橋を架けるには数十万人の利用者が必要だ」という反対意見が出ますが、角栄は「トンネルの利用者が150人しかいなくても、その人たちに欠かせないものならば、億単位の金をつぎこみ、トンネルをつけるのが政治だ。橋を架けるのも同様だ。橋一本の重みが、都会と新潟三区ではまったく違うのだということを君たちは考えたことがあるか」と反論します。

経済合理性から見れば、こうしたやり方は「利益誘導」とか「ムダな公共事業」となるのかもしれませんが、「そこに暮らす人たちがいる」のもたしかなことでした。

ポイント

経済合理性やコスパだけでは割り切れないものもある。

08

Kakuei Tanaka Quotes

卵を食べるより、
鶏にして卵の生産拡大を。

**目先の握り飯もいいが、
柿の種を播いて、
木が育てば、
美味な果実が食べられる。**

『入門田中角栄』、37頁

「米百俵」というのは、長岡藩の藩士・小林虎三郎による教育にまつわる故事です。小林は財政が逼迫《ひっぱく》して食べるものにも困る藩士が多い中、他藩から贈られた米を食べずに売却し、子どもたちの教育のために使いました。そしてそれを批判する人たちには「百俵の米も食えばたちまちなくなるが、教育にあてれば明日の一万、百万俵になる」と反論します。

ものごとの優先順位を決めるのはとても難しいものです。目の前の利をとるか、将来の利をとるかを決めなければならないのがリーダーです。田中角栄（大蔵大臣）は1964年の予算編成で所得税減税を優先するべきという大蔵省や自民党の反対を押し切って企業減税を決断し、こう説きます。

「目先の握り飯（所得税減税）もいいが、柿の種（企業減税）を播いて、木（国民経済）が育てば、美味な果実（将来の所得税減税）が食べられる」

別の時には「卵を食ってしまうか、鶏にして卵の生産拡大でいくか」と、まずは経済を成長拡大させることが将来の国民の利益（所得の増加や所得税減税）につながるとも話しています。日本は1973年まで経済成長率10％前後の高度成長を続けます。

ポイント

優先順位を決める時にはしっかりとした軸を持て。

09

Kakuei Tanaka Quotes

信念を持って
持論を語れ。

中国は永遠に
わが隣国である。

『宰相田中角栄の真実』、109頁

総理大臣・田中角栄の功績のひとつに1972年の日中国交正常化があります。

同年2月のニクソン訪中から5か月余りのちに総理大臣に就任した角栄にとって中国との国交回復は急ぎ実現したい課題でしたが、角栄の意気込みはともかく、自民党内でも国内でも日中国交回復のコンセンサスが完全にできていたわけではありません。激しい議論が交わされ、強硬な反対派も存在していました。

それでも角栄は中国を訪問し、9月29日に日中共同声明を発表します。この成果に国民はもちろんマスコミも野党も拍手を送ることになりますが、自民党内の台湾派の反対は変わらず強硬なものでした。角栄は中国から帰ると、自民党の大講堂に向かって演説します。

「中国には十億を超える民がいる。この国とはいいことも悪いことも率直に話し合える関係をつくらんといかん。中国は永遠にわが隣国である。それを考えたとき、私は国交正常化を決断しました」

大勢の反対派を前に角栄は持論を展開します。逃げずに真正面からぶつかる姿勢に出席者は度肝を抜かれ、流れが変わります。そうして、日本と中国の新しい時代が始まりました。

ポイント　信念があるなら逃げることなく正面からぶつかっていけ。

10

Kakuei Tanaka Quotes

教育に力を入れ
未来をつくる。

大学の教授より
小学校の先生が大事だ。
白紙の子どもを
教えるんだからな。

『入門田中角栄』、139頁

「平等なチャンスとは、何よりも『すぐれた教育』だと思う」はアップルの創業者スティーブ・ジョブズの言葉です。良き師との出会いがジョブズの人生を変えています。

田中角栄は高等小学校しか行っていないものの二田尋常高等小学校の校長・草間道之輔というすぐれた教師と出会っています。角栄は小学生になる前から寺の離れに下宿する草間を訪ね、「至誠の人、真の勇者」という額の文字について「何事にも真心を尽くす人こそ、本当の勇者だぞ」という説明を受けて、大いに感銘を受けています。

以来、角栄の目標は「至誠の人、真の勇者だ。俺は勇者になるっちゃ」となります。後年、角栄は「教員人材確保法」を成立させ、公立の小中学校の教師の給与の大幅アップや、海外派遣視察制度などを実現しています。「なぜ小中学校なのか」と聞かれ、「大学の教授より小学校の先生が大事だ。白紙の子どもを教えるんだからな」と答えます。

成長してからの教育ももちろん必要ですが、まだ白紙の幼少時に良い教育を受けられるか、すぐれた教師と出会えるかは、その後の人格形成に大きな影響を与えることになる、というのが角栄の持論でした。自らの体験を通し、教育と教師の大切さをよく知っていました。

ポイント　**人を育てることほど大切なことはない。**

11

Kakuei Tanaka Quotes

リーダーが前面に立ち
トップダウンでやる。

地球上の資源は
人類の生活向上のために
使われるべきもの。

『田中角栄のふろしき』、216頁

田中角栄は内閣総理大臣に就任後、日本列島改造をぶち上げ、日中国交正常化などで大きな実績を上げていますが、同時に全力で取り組んだのが「資源外交」です。「日本は石油も天然ガスもない。無資源国だ」というのが角栄の問題意識であり、将来、原子力が日本の基幹エネルギーになると見てアメリカから濃縮ウランの買い取りも約束していますが、同時に「日本はある特定国との関係を強化するのではなく、あらゆる国と等距離のエネルギー政策をとる」という方針も打ち出していました。

この方針が意味するのは「エネルギーのメジャー支配」への風穴を開け、エネルギー供給源の多角化を実現することです。そのために角栄は「俺が首相として前面に立ちトップダウンでやる。そうでなければ国際石油資本、メジャーの世界支配は突き崩せない」としてフランスやイギリスと交渉し、第4次中東戦争ではアラブ支持を表明します。こうした動きが「アメリカの虎の尾を踏んだ」とも言われているわけですが、角栄にとって「地球上の資源は人類の生活向上のために使われるべきもの」であり、世界の石油をいろいろな国と共同で開発して、それを融通し合い、国民のために使うというのが角栄の考え方でした。

ポイント

広い視野でものごとを考えろ。

12

Kakuei Tanaka Quotes

本気のディールのために
覚悟を決めろ。

**私は漁獲高の割り当て交渉に
来たのではない。
領土交渉に来たんだ。**

『入門田中角栄』、224頁

田中角栄は従軍経験があり、終戦時には田中土建工業が朝鮮半島に持っていた全財産や工事材料などのすべてを「新生朝鮮に寄付する」と宣言し、釜山から日本に引き揚げています。ソ連に連れ去られたシベリアの未帰還兵への思いを口にしたこともあります。それだけに１９７３年10月、総理大臣としてソ連を訪問した際には「私は漁獲高の割り当て交渉に来たのではない。領土交渉に来たんだ」という強い決意を抱いていました。

当初、ソ連のレオニード・ブレジネフ共産党書記長は資源開発の話を延々と続けますが、角栄は根気強く話を聞いたあと、タイミングを見計らって「資源よりも北方領土の返還が先に議論すべきテーマだ」と切り込みます。ソ連の主張は「領土問題は解決済み」ですが、角栄は共同声明を出せなくなることを恐れず、両国には戦争終結時から残った未解決の問題があり、その中に「北方領土問題は含まれるのか」「含まれないのか」と攻め立て、最終的に「ダー（そうだ）」という答えを引き出します。日中国交正常化のような目に見える成果はありませんでしたが、領土問題の存在を認めさせたという点では日本にとって大きな一歩でした。リスク覚悟の交渉が引き出した「ダー」でした。

ポイント　リスクを恐れない強さが交渉を前に進める。

13

Kakuei Tanaka Quotes

経済は横ではなく
縦に回すのだ。

今日までの
経済成長の成果を、
思い切って
国民福祉の面に
振り向けなければ
なりません。

『田中角栄のふろしき』、139頁

田中角栄の内閣総理大臣時代の成果としては日中国交回復などの外交的成果が語られがちですが、国内においては「福祉元年」を掲げて「福祉優先の政治」を貫いています。角栄は1973年度に「福祉元年予算」を編成、ビジネスパーソンを中心に大幅減税を行う一方で、社会保障関係予算を28・3％も増額、福祉年金の5割引き上げ、厚生年金の飛躍的増額、国民年金の5万円年金を実現しています。

角栄というと日本列島改造論の影響もあり、ひたすらに公共事業を推し進めたイメージもありますが、ここでも根底にあったのは「国民の格差の解消」でした。豊かな大都会と地方の格差を解消したいというのが角栄の願いであり、同様に懸命に働いても豊かさとは無縁の人たちについては「自己責任」で片づけるのではなく、国が助けなければならないというのが角栄の考え方でした。

高度成長で日本は豊かになったが、その富を横に回すのではなく、縦に回すことでみんなが豊かでありたい。ただし、「福祉は天から降ってこない」以上、みんなで働いて原資を稼ぎ出そうというのが角栄の政策でした。

ポイント

強者でありたいなら、弱者への視点も忘れるな。

14

Kakuei Tanaka Quotes

100年先を考える。

地方に産業を起し、
十分な都市機能を持った
地方都市を
育成しなければならない。

『日本列島改造論』、189頁

田中角栄の『日本列島改造論』は単なる公共事業の推進ではなく、「明治200年（2068年）に向かう日本の将来はかくあるべき」という構想のもとに書かれています。角栄によると、明治100年（1968年）に至る日本の道のりは、地方に生まれた人が大都市に集中し、国をつくる牽引車となったのに対し、明治200年に向かう日本の将来は、都市で生まれ育った人たちが新しいフロンティアを求めて地方に分散し、住みよい国土をつくるエネルギーになるかどうかにかかっているというのが角栄の考え方です。

そのために角栄が提唱していたのが、アメリカのワシントンとニューヨークのように、政治と経済の中心を分離することや、日本各地に産業を起こし、十分な都市機能を持った「新25万都市」をつくり上げるというものでした。現在の日本は東京を中心とした一極集中が進み、地方都市の人口は減少、将来的には消滅する町も多いのではと言われていますが、角栄は経済的、文化的、社会的な機能を備えた地方都市を整備することで豊かな日本をつくり上げようとしていました。こうした100年単位でものを見る構想力こそが角栄の真骨頂でした。

ポイント

短期の目標を追うだけでなく、長期の視点も持て。

15

Kakuei Tanaka Quotes

大きな犠牲を払う
戦いは避ける。

日本は戦争で
地ベタにたたきつけられた。

『田中角栄のふろしき』、148頁

1918年生まれの田中角栄は1938年春に徴兵検査で甲種合格となり、その年の暮れに盛岡騎兵隊第三旅団に入隊しています。子どもの頃から馬に慣れていたことでの配属です。満州勤務のため、1939年のノモンハン事件では騎兵連隊のほとんどが壊滅するという負け戦も経験していますが、角栄自身は実戦とは直接関係のない勤務を続けていました。そして入隊から2年が過ぎようとした頃、肺炎や胸膜炎を併発、日本に帰国します。「満州で別れてきた戦友たちに申し訳ない思い」だったと振り返っています。

角栄は1941年10月に除隊したため実戦の経験はほとんどありませんが、多くの戦友を亡くしていますし、石油などの資源がいかに貴重なものかをよく知っていました。角栄が演説でしばしば「日本は戦争で地べタにたたきつけられた。二度と戦争をしてはならない」と強調し、憲法改正や再軍備についても「それはできない」という姿勢を貫いています。ただし、理念やイデオロギーでは平和は守れないからと、資源外交に努め、日本を経済大国にしようとしていました。日本を戦争する国にしてはならない。戦争で母親が子どもを失うことはあってはならない。それが政治家としての使命であると考えていました。

ポイント **信念にも変えていいものと、変えてはいけないものがある。**

16

Kakuei Tanaka Quotes

将来を見据えれば
今、何をすべきかが見えてくる。

**能力はあるはずなのに、
官僚たちは
なぜ気がつかないのだろう。**

『20世紀　日本の経済人』、440頁

仕事には、起きた問題を処理する後始末的なものもあれば、将来を見据えて取り組む未来志向のものもありますが、田中角栄の行ったことは後者が多かったと言われています。当然、そこには批判も多かったのですが、批判を押してまでやろうとしたのは角栄の「先を読む力」が大きく関係していたといいます。角栄が行った政治について後藤田正晴（元官房長官）がこう評しています。

「田中さんのやられた日中国交回復も資源外交も、これはすべて後ろ向き、後始末の政策ではないんですよ。国民がこれから向かっていかなきゃならない未来を志向したもの」

日中国交回復も、アメリカ依存からの脱却を目指した資源外交もそうですし、36のテレビ局に免許を交付してテレビの時代を切り開いたこと、金融恐慌を未然に防いだ日銀特融の決断など、角栄は数々の決断を行っていますが、それらを可能にしたのは角栄の先を読む力でした。

同時にこうも嘆いていました。

「能力はあるはずなのに、官僚たちはなぜ気づかないのだろう」

「先を読む力のたしかさ」と「実行力」こそが政治家・角栄の真骨頂でした。

ポイント

後ろ向きの仕事に追われるな、前向きの仕事をしろ。

17

Kakuei Tanaka Quotes

現場視点と俯瞰視点を
あわせもつ。

新しい政治をやるなら
鳥になれ。
鳥瞰的、俯瞰的に
見なくてはいけない。

『入門田中角栄』、47頁

山に登って道に迷ったらどうするか。川に沿ってひたすら下っていくか、西なら西、東なら東と決めてひたすら突き進んでいけば必ずどこかに出ることができるというのが一般的な考え方です。一番まずいのは不安に駆られて方角をあれこれ変えたり、上ったり下りたりを繰り返すことです。やがて自分がどこにいるのかさえ分からなくなり、体力も消耗して力尽きることになります。

一方、田中角栄の考え方は、「川に沿って下る。これは行政だ。もう一歩登って霧が晴れるのを待つ。これが政治だよ。困難な時ほど前に出て視野を広げることだ」です。問題への解決法は時代によって変化します。にもかかわらず戦後間もない頃のやり方（＝川に沿って下る）をずっと続けていては決して国民の満足を得ることはできません。時代に応じて、環境に応じて、生活水準などを見ながら、常により高い次元の解決策を考え出さなければならないというのが角栄の考え方でした。さらに外交も政策も近視眼的に考えては駄目で、「新しい政治をやるなら鳥になれ。鳥瞰的、俯瞰的に見なくてはいけない」とも話していました。角栄には「虫の目」と「鳥の目」の両方が備わっていたようです。

ポイント

細やかな「虫の目」と、大局を見る「鳥の目」を持て。

第２章
決断力と実行力

決めたことは
責任を持って実行する

田中角栄の圧倒的な決断力を象徴するのが「日中国交正常化」と「山一証券の危機に際しての日銀特融」です。日中国交正常化にあたっては周恩来との難しい交渉をまとめるだけではなく、帰国後は反対する自民党議員を一人で説得しています。また、日銀特融では渋る日銀や都銀のトップを一喝、「前例にとらわれない」無担保無制限の融資をわずか10分で決断したと言われています。リーダーの役目は危機に際してこそ重要になります。決断に時間をかけず、決めたことは必ず実行する。これがリーダーの最も大切な役目です。

18

Kakuei Tanaka Quotes

焼野原の時こそ、
チャンスが溢れている。

**今、代議士になれば
青天井がひらけてるんだよ。
どんな法案でも
通してみせる。**

『異形の将軍』上、187頁

田中角栄の実行力や決断力は並外れておりその要因のひとつは「時機を見る」力です。角栄が初めて選挙に出馬したのは1946年です。当時、田中土建工業の経営は順調でしたが、そこで稼いだ資金を手にあえて選挙に出たのは、戦後間もない時期で、公職追放などによって多くの権威者、権力者は追放され、政治や経済の世界に人材の空白が生まれていたからでした。

角栄は選挙戦で「上がいない」ことについて「今、代議士になれば、上に乗っかっていた議員が公職追放ですっぽり抜けてるんだ。青天井がひらけてるんだよ。どんな法案でも通してみせる」と話していました。もし上にたくさんの議員が控えていれば、学歴もなく、強い縁故もなく、政治経験もない若者の出番などありません。角栄は「上がいない」ことをチャンスと捉え、政治の世界に進出することを決意します。角栄が若手議員にしばしば言っていたのは「なぜ議員立法をやらないんだ」でしたが、若き角栄は暗記するほどに歩き回った土地土地の要望を聞き、時に陳情を通し、時に議員立法によって多くの課題を解決することで政界の実力者へと成長していきます。すべては「国会にはチャンスが溢れている」と見て、即座に行動を起こしたからこそ可能だったのではないでしょうか。

ポイント

チャンスはあっという間に過ぎ去っていく。気づいたらすぐに動き出せ。

19

Kakuei Tanaka Quotes

知識があっても情熱がなければ
血の通った行動はできない。

**役人は権威かもしれないが、
田んぼに入ろうという
情熱はなんだ。**

『入門田中角栄』、137頁

「二階に上がる梯子《はしご》は情熱が作る」は、パナソニックの創業者・松下幸之助の言葉です。梯子をつくるのは大工や職人ですが、それをつくりたいと願うのは何が何でも上に上がりたいという情熱の持ち主です。何事かをなすには何より情熱が必要で、それがあればこそ梯子をつくることのできる人を探すし、時に自分でつくろうとするのです。

田中角栄の地元・新潟は米どころとして知られていますが、その地位を確立したのが新潟県農業試験場で生まれ、1956年に命名された「コシヒカリ」です。十数年の試行錯誤の結果です。米作りの苦労を知る角栄は1976年、こんな演説をします。

「農林省、特に食料部の役人は、米問題の権威かもしれない。しかし、情熱がない。田んぼの中に入ったこともないような者が、米のことを分かるわけがない。権威かもしれないが、田んぼに入ろうという情熱はないんだ」

何かをつくるにも、政策を立案するにも知識は必要です。しかし、それ以上に必要なのは「こういうものをつくりたい」「この国を豊かにしたい」という情熱であり、まず情熱があってこそ良い政策が生まれ、実行できるというのが角栄の考え方でした。

ポイント　何かをやりたければ強い情熱を持て。情熱があれば人も技術も付いてくる。

20

Kakuei Tanaka Quotes

念仏を百万遍唱えても
実行、実現しなければ意味がない。

演説をぶった。
カベにブツかった。
仕方がない——
じゃ政策にならん。

『異形の将軍』上、286頁

政治家・田中角栄の信条は「汗をかけるだけ汗をかく。言ったことは必ず実行する。それが田中角栄です」です。「目白御殿」と呼ばれた角栄の所に大勢の人が陳情に訪れたのは「できる」と言ったことは確実に実行してくれたからです。ところが、世の中ではあまりに「やりすぎる」人は時に批判を浴びることもあります。「あいつはあまりに何でもやりすぎる」と何もやらない人が批判をすることもあるでしょう。結果、「やる」ことは時に波風を起こすのに対し、「やらない」人の周りは平穏無事な日々が続くことになるのです。

角栄は万博開催や沖縄返還など多くの仕事をした元首相・佐藤栄作の叙勲を祝う席で「これだけ仕事をするとあまり人気が出ないんだなあと思います。仕事をしなければ期待されるし、褒められる。佐藤さんの人気が悪いのは仕事をしたからです」と話したあと、「私も褒められることは諦めました」と、言わば「仕事をする」ことを誓っています。

世の中には演説は巧みでも実行力に欠ける人がたくさんいます。他人の批判は上手でも、代わりに何かできるわけではないというのは困りものです。角栄にとって大切なのは、演説でも批判でもなく「言ったことは必ず実行する」ことでした。

ポイント　リーダーに求められるのは、言った以上は必ず実行してみせるという執念。

21

Kakuei Tanaka Quotes

規則に問題があるなら、
変えればいい。

法律は人間が生活の便宜のために使いこなすもの。縛られてばかりいるのが能じゃない。

『異形の将軍』下、75頁

「それは法律（規則）上できません」は便利な断り文句ですが、田中角栄は「それなら今の法律を変えればいいじゃないか」と考える政治家でした。いくつかの事例があります。

1965年、山一證券が経営危機に陥った際、角栄は証券恐慌ひいては日本経済の混乱を防ぐために日本銀行からの特別融資、それも「無担保、無制限でやる」という異例の決断を行っています。当時の法律から困難とされていましたし、金融の常識からすれば「必要なものは出す」のが限界でしたが、角栄は「あっ、この条文があるじゃないか」と日銀法25条（日本銀行は主務大臣の認可を受け信用制度の保持育成の為必要なる業務を行ふことを得）を見つけ出し適用することで実現しています。

1951年制定の公営住宅法も、当時は戦災者のみが対象で、それ以外の住宅建設に国のお金を使うのは難しいとされていましたが、角栄は「国民全部が戦災者じゃあないか」と「読み替える」ことで角栄が「魂の安息所」と呼ぶ住宅建設に道を開いています。「法律は人間が生活の便宜のために使いこなすもの。縛られてばかりいるのが能じゃない」が角栄の考え方であり、実に26もの議員立法もつくっています。

ポイント

「できない理由」を探すより「できる方法」を考えろ。

22

Kakuei Tanaka Quotes

判断は5分でできる。

名医になれば、
時間を使わなくても、
顔を見れば分かる。

『異形の将軍』下、182頁

時間を大切にする田中角栄はとにかくせっかちで、陳情に訪れた人たちとの話もスピーディーでした。できることはすぐに「できる」と言いますし、ダメなものはその場で「ダメ」とはっきり口にしました。答えるのにほとんど時間は必要なかったといいます。あまりに返事が早いため、人によっては「本当に聞いてくれたのか」と不安を感じた人もいるようですが、角栄は即断即決の理由を「名医になれば、時間を使わなくても、顔を見れば分かる。わしだって、20年間政治家をやっているので、相手の言いたいことぐらいすぐわかる。早飲み込みなんて言われるのは心外だよ」と述べています。

角栄が「名医」だったのは、事前の情報収集の賜物《たまもの》でした。元首相の羽田孜《はたつとむ》が若い頃、角栄が羽田を前にして「ここに高速道、ここは新幹線を通して、この地域はこうすべきだ」と羽田の地元・長野県の将来構想を詳しく語るのに驚いたと言いますが、それができたのは角栄がヘリコプターに乗って長野県中を見ていたからでした。ものごとにはタイミングがあるだけに、判断は迅速な方がいいのです。ただし、そのためには日頃の情報収集や分析が必要で、それがあってこそ素早く的確な判断が可能になるのです。

ポイント

日頃から十分な情報収集を。そうすれば迅速かつ的確な判断が可能になる。

23

Kakuei Tanaka Quotes

光の当たらない場所で
暮らす人たちの声を聞き、実現する。

あんたがたが、
一番やってほしいことは何だ。
それを命がけで
成し遂げるのが、
この田中だんが。

『異形の将軍』上、212頁

田中角栄は支持者からの陳情に真剣に耳を傾け、できることを次々と実行する政治家ですが、これは政治家になったばかりの頃からのやり方でした。角栄が立候補した新潟3区は戦前から地域の名望家を中心とした「旦那政治」が色濃く残っていたといいます。町や村の要職はこうした旦那衆が占めて、小学校卒の牛馬商の息子など最初は誰も相手にしようとはしませんでした。一方の農家の人たちは社会党が組織した「日本農民組合」(=日農)が力を持ち、ここも難敵でした。

結果、角栄が狙いをつけたのは旦那衆も日農もあまり目を向けない山間部の人たちです。角栄はこうした代議士などめったに訪れることのない場所にまで足を運び、「あんたがたが俺に一番やってほしいことはなんだ。なんでもいいいなせ。それを命がけでなし遂げるのが、この田中だんが」と語りかけます。角栄は「町場に抜けられるトンネルが欲しい」「道路拡張を」という切実な要望を聞き、政治家として力をつけるにつれ、こうした悲願を実現し、辺境の人たちとの信頼を築いていきます。角栄の政治家としての原点は政治の光の当たらない場所で暮らす人たちの話を聞き、それをひとつずつ実現していくことでした。

ポイント

部下の声に真剣に耳を傾ける、そこにやるべきことがある。

24

Kakuei Tanaka Quotes

事務方の言いなりではなく、
事務方より先に動け。

官僚が案を作るまでは
政治が動かない。
こんなことをやっているから、
ダメなんだ。

『戦場の田中角栄』、194頁

新しく大臣に就任した際の挨拶や、国会での大臣答弁を聞いていると、自分の言葉で話す人はあまりおらず、ほとんどの人が、官僚がつくった文書を読んでいるという印象を受けます。余計なことを言ったり、失言して責任を問われたりしたくないということなのでしょうが、たしかにこれでは政治家ではなく、官僚が政治を動かすことになります。

田中角栄は官僚に使われるのではなく、官僚を使う政治家でした。ある日、新人代議士にこう言ったといいます。

「官僚が案を作るまでは政治が動かない。こんなことをやっているから、ダメなんだ」

角栄によると、課長補佐が起案して、課長が判を押し、局長の所に持っていき、局長はよく分からない案でもそのまま判を押します。局長はそれを大臣の所に持っていきますが、大臣はなおさら分からないものの、事務方がつくったものをそのまま閣議に報告し、国会などで決議されることになるというのです。このように政治家が動くのではなく、官僚の言う通りに動いているようで「本当の政治ができるか」というのが角栄の怒りでした。角栄は多くの議員立法を成立させるなど、官僚より先に動くことを信条としていました。

ポイント

誰かに言われてから動くのではなく、自ら率先して動き出せ。

25

Kakuei Tanaka Quotes

全部情報を集めさせて、
「ここしかない」という着地点を見つける。

針の落ちる音も聞き逃すな。

『異形の将軍』下、139頁

田中角栄は情報収集の達人です。吉田茂率いる民主自由党の選挙部長を務めていた頃、角栄は民自党所属議員の生年月日、学歴、家族構成、人脈、資金力を調べ上げ、さらに選挙区の人口構成、有権者数、支持率、選挙区の産業構造、所得水準まで調査しています。同時にライバル政党の所属議員についても、同様の調査を行ったうえで、どうすればライバルに勝てるかという戦法をつくり上げています。

角栄はその後も政治家や官僚たちについて常に詳細な情報を集め、小まめな対応をすることで人脈づくりに役立てていきます。こうした情報へのこだわりは政治上の判断を行う場合も大いに生かされていました。角栄をよく知る記者によると、「問題の着地点をどう見極めるか、世の中の動き、つまり世論を重視する」角栄は、「針の落ちる音も聞き逃すな」と小さな情報を大切にして、「全部情報を集めさせて、ここしかないという着地点を見つける」ことを信条にしていました。どれほど決断力や実行力があろうとも狙いがずれてはただの徒労になります。角栄は若い頃から企業経営に携わってきただけに「情報には価値がある」ことを誰よりもよく知っていました。

ポイント **可能な限りの情報を集め、上手に生かしきれ。**

26

Kakuei Tanaka Quotes

前任者がつくった書類は
机の引き出しに入れておけ。

ご進講は一日でいい。

『異形の将軍』下、14頁

官僚たちにとって大臣というのは「頭上にしばらくとどまり、やがて流れ去ってゆく流れ雲のようなもの」だと言います。ましてや初めて大臣になった政治家であれば官僚たちの言うことをよく聞き、従来の大臣のやり方をそのまま踏襲するのが当たり前というのが官僚たちの常識でしたが、1957年、郵政大臣となった田中角栄は違っていました。

大臣着任早々の官僚による「ご進講（ご説明）」は通常2週間かかるところを「一日でいい」と告げます。理由は前大臣からの引き継ぎ通り、ご進講通りの仕事では官僚の望む通りの仕事にはなっても、国のために新しい政策を打ち出すことができないからです。当時まだ39歳と若かった角栄は、「いいものはとる、タチワルベきはタチワリ、任すべきは任す。私は30代だ。これで悪評を受けてあと10年遊ぶようになっても、まだいいと思っている」という覚悟の下、官僚たちの「時期尚早」という反対を押し切って、先延ばしされていたテレビ免許の問題を解決し、テレビ時代の幕を開けます。やりたいこと、やるべきことがある以上、前例踏襲でいくのではなく、手を付けるべきは手を付ける。責任は負うという強い覚悟が角栄にはあり、その覚悟が多くの改革や実績につながります。

ポイント

前例踏襲では前任者を超えることはない。リスク覚悟で新しいことに挑め。

27

Kakuei Tanaka Quotes

今の批判より、
後世の称賛を選ぶ。

**後世の史家は
分かってくれる。
批判は立会演説会の
ヤジと思えばいい。**

『異形の将軍』上、285頁

何かを大きく変えようとすると、たいていの場合、大きな批判を浴びることになります。そんな時、「今」の批判を恐れて撤回するか、それとも「将来」を見据えて批判覚悟で断行するか。リーダーとしての資質が問われる瞬間と言えます。

郵政大臣・田中角栄の最大の課題は、全国から殺到していたテレビの免許問題をどうするかでした。全国からたくさんの申請が寄せられますが、テレビ局の設立には各地方の実力者が関わっているだけに、順番に許可すれば、誰が先か後かでもめるだけでなく、政治生命に関わります。一方、郵政省の内部ではテレビの大量免許は技術上の困難もあり、「まだ無理」と考えられていました。

ところが、角栄はそんな反対意見を押し切って一挙に民放36局、NHK7局に予備免許を与えます。批判や反対を押し切っての決断の理由を、角栄は「のびればのびるほど混乱する。後世の史家は分かってくれる。一時は批判されようが、そんなことは立会演説会のヤジと思えばいい」と話しています。たとえ批判されても、やるべきことはやる。何が正しいかは後世の判断に任せればいいというのが角栄の考え方であり、自信でもありました。

ポイント

本当に自信があるなら未来のために決断をしろ。

28

Kakuei Tanaka Quotes

難題はサッと切り上げなければ
取り返しのつかないことになる。

金?それだけか?
よし、分かった。
俺が話をつける。

『田中角栄のふろしき』、36頁

難題を前にして、やたらと時間をかける人がいます。結論を出せればいいのですが、ただ時間だけが過ぎていくと状況はさらに悪化するのが通常です。あるいは「この方針でいこう」と決めたものの、あとのことをすべて部下任せにする人もいます。無責任極まりないやり方です。

通産大臣に就任した田中角栄は、長年の懸案となっていた日米繊維交渉を就任から3か月で結着させています。難題を解決するためのアイデアはあったものの、それには膨大なお金がかかります。当時の通産省の一般会計予算の約半分という金額だけに、官僚たちは「筋はいい」ものの、「金額が大きすぎて、あり得ない」と考えていました。しかし、解決策を聞いた角栄は「問題は何だ？」と問い、「お金がかかり過ぎます」という官僚の返事を聞くや否や、「金？それだけか？　よし、分かった。俺が話をつける」と言うと、すぐに首相の佐藤栄作に電話をかけて了解を取り付けたのです。「おろおろしている間に終わってしまった」が当時の官僚の感想です。難題を前にしたら、決めるべきは決め、すぐに行動を起こす。時間をかければかけるほど、ものごとは大きく複雑になっていくものです。

ポイント　**ものごとは「厄介だから」と時間をかけすぎるな、かえって悪化する。**

29

Kakuei Tanaka Quotes

非難は一人で
受け止める。

心配するな。大丈夫だ。
俺がひな壇に
座っていればいいんだ。
事務方はじっとしておれ。

『田中角栄のふろしき』、79頁

問題が起きた時、トップに火の粉がかからないように下が懸命に動くことがあります。あるいは、トップが責任を取りたくないからと、何から何まで下に任せることもあります。はたしてこれはトップのあるべき姿なのでしょうか？

田中角栄は日米繊維交渉を早期に決着させたものの、繊維業界や野党から厳しい追及を受けています。繊維業界の幹部は通産省に抗議に訪れ、大臣に会わせるように要求します。この時、角栄は官僚に任せるのではなく、自ら対応し、30分にわたって話を聞くことで結着をつけています。さらに1971年10月、野党3党が通産大臣の不信任案を提出します。国会の決議を無視して、米国の一方的な圧力に屈した「国民不在の屈辱外交だ」という理由からです。野党のいつも以上の強硬な姿勢に官僚たちは心配しますが、角栄は「心配するな。大丈夫だ。俺がひな壇に座っていればいいんだ。事務方はじっとしておれ」と悠然と構えていました。角栄は野党にパイプを持っていましたが、それでも国会で激しい非難を浴びる角栄を見て、官僚たちは政治家の大変さを痛感したと言います。大きな決断をした以上、最後の最後まで面倒を見ることがリーダーの責任なのです。

ポイント

決断した以上、批判を含めてすべて受け止める覚悟を。

30

Kakuei Tanaka Quotes

エビデンスベースで話せ。

大蔵省に溶け込んで仕事をしたい。

『田中角栄のふろしき』、32頁

田中角栄の決断力や実行力、あるいは人を動かす力は圧倒的なものでしたが、それは単に政治力やお金の力があったからではなく、官僚たちも驚くほどの知識の豊富さや数字の強さがあったからです。高等小学校しか出ていない角栄にとって、東京大学を中心とした一流大学の出身者ばかりの官僚の世界はまったく異質のものでしたが、かといって官僚の言う通りに動く、物分かりのいい政治家になるのではなく、官僚たちの世界に「溶け込んで仕事をしたい」と猛勉強を自らに課すことで、官僚を使いこなしています。

角栄は夜の宴会を終えたあと、早めに床に就きますが、午前2時に起きて、資料に目を通し、六法全書をめくっていました。さらに朝食を取りながら朝毎読や日本経済新聞、さらには日刊工業新聞などの専門紙にも一通り目を通すなど、日々あらゆる情報を入手しようと努めていました。数字にも強い角栄は、官僚たちと話す時も数字を駆使し、数字の裏付けをもって話していました。結果、大臣になってからも官僚が用意した通りの答弁をするのではなく、自分の言葉で話ができるし、難題にも即断即決することができたのです。官僚を上回るほどの知識を持っていたこと、それが角栄の決断力や実行力を可能にしました。

ポイント

日々の学びの習慣が素早い決断や実行を可能にする。

31

Kakuei Tanaka Quotes

リーダーの役目は
危機に際しての決断にあり。

君はそれでも
都市銀行の頭取か。

『20世紀　日本の経済人』、436頁

日本のバブル崩壊や、アメリカのリーマン・ショックなどが起きた時、政府や金融当局がどれだけ迅速で適切な対応をするかで、それが恐慌となるか、早期に収束するかが決まります。田中角栄に対する評価はさまざまですが、今でも「田中でなければできなかった」と多くの金融関係者が口をそろえるのが１９６５年の山一證券への日銀特融の決断です。

当時、山一證券は経営危機に陥っており、通常の銀行支援で救済するのは難しい状況でした。対策を練るために大蔵省、日銀、主力銀行三行の首脳が集まります。「証券取引所を閉鎖してゆっくり対応策を考えたらどうか」と三菱銀行の頭取が発言したところ、遅れて会合に参加した角栄が「君はそれでも都市銀行の頭取か」と一喝します。さらに、救済には日銀特融しかないという大蔵省の説明を聞いた角栄はわずか10分余りで決断、会合は終了します。角栄は山一を対象に、日銀による無担保・無制限の融資を行うことを発表、市場の不安心理を一掃します。危機に直面したリーダーは瞬時の判断が求められるにもかかわらず、問題の先送りや部下任せに走りがちですが、角栄は自ら前例のない決断を瞬時に行います。角栄の見事な危機管理能力が日本の金融界を救ったのです。

ポイント　重要な問題は決して先送りや部下任せにせず、自ら迅速な判断を。

32

Kakuei Tanaka Quotes

現場視点で
何が問題なのかを考える。

この機会をはずしては、
雪が法律上のワクに
入ることはないかもしれない。

『ザ・越山会』、233頁

何か新しいことをやる、あるいは決める時にはタイミングが大切になります。機を逃すことなく動いてこそ自分の思い描くことを実現することが可能になります。田中角栄は雪国の生まれだけに雪の過酷さを嫌というほど知っていましたが、雪に縁のない地域の人たちから見ると、「雪はロマン」であり、どれほどたくさんの雪が積もっても、暖かくなれば溶けるくらいの認識でした。

1962年12月末から1月にかけて新潟県から北陸地方にかけて雪が降り積もり、新潟県長岡市では最深積雪量が318センチに達します。戦後の日本の中でも特に激甚な被害をもたらした雪害であり、「三八豪雪」とも呼ばれています。この時、大蔵大臣だった角栄は、それまで適用されることのなかった大雪を1962年9月施行の「激甚災害法」に基づく激甚災害に指定すべく奮闘します。理由は「この機会をはずしては、雪が法律上の枠に入ることはないかもしれない」という思いからでした。

角栄の奮闘もあり「三八豪雪」は激甚災害に指定され、降雪も「災害」として認められることになります。タイミングを捉えた角栄の活動の成果でした。

ポイント　ものごとを動かすにはタイミングを逃してはならない。

33

Kakuei Tanaka Quotes

絶頂期だからこそ
リスク覚悟の決断ができる。

俺は今
「今太閤」と呼ばれている。
最も支持が強い時に、
最も難しい問題をやる。

『田中角栄のふろしき』、115頁

田中角栄は1972年7月、福田赳夫との戦いを制して内閣総理大臣に就任します。東京大学を卒業して官僚を務めたスーパーエリートの福田と違い、田中は高等小学校卒の「土建屋」上がりということで、農民出身で天下人となった豊臣秀吉になぞらえて「今太閤」とも呼ばれていました。絶大な人気を誇り、62％という高い支持率を獲得します。

これほどの高い人気を誇れば、普通の人なら高い支持率に安閑として、支持率を維持するためにリスクを冒すことを避けようとするものですが、角栄は「俺は今『今太閤』と呼ばれている。最も支持が強い時に、最も難しい問題をやる」と、高い人気を背景に最も厄介な問題の解決に挑みます。真っ先に取り組んだのが長年の懸案でありながら、台湾との関係もあって「時期尚早だ」という声の多かった日中国交正常化です。

就任後初の記者会見で「機が熟してきた、の一言に尽きる」と意欲を表明した角栄は9月に中国へと出発、歴史的な国交回復を実現します。「首相に就任した今が政治権力の絶頂期」であり、だからこそリスクを覚悟で難題に立ち向かうことができるというのが角栄の考え方であり、その突破力が長年の課題解決につながったのです。

ポイント　**力がある時にこそ安全飛行ではなく、難題に挑戦しろ。**

34

Kakuei Tanaka Quotes

若い世代に
問題や課題を先送りしない。

彼ら（毛沢東や周恩来）の
目の黒いうちに
この問題を片付けたい。

『田中角栄のふろしき』、119頁

交渉事というのは単に国対国、企業対企業というわけではなく、真に実力を持っているのは誰かを見極めて、絶好のタイミングで行うことが大切になります。総理大臣に就任した田中角栄が「時期尚早ではないか」という声を押し切って日中国交正常化に取り組もうとした理由のひとつは、角栄自身が高い支持率を誇っていたことに加え、中国では毛沢東や周恩来といった革命第一世代が強い権力を持っていたからでした。

日本の企業でもそうですが、創業者が亡くなり、その子どもたちが権力の座に就くと、企業が変質することがよくあるように、角栄は新生中国の創業者とも言える毛沢東や周恩来相手なら戦争中のことや戦後補償を含めて話ができるのに対し、戦争の経験がない、苦労知らずの2代目、3代目相手だと理屈と数字には強くても交渉は難航すると考えていたのです。そうならないためには共に、戦争を経験し、戦後の苦労も味わった毛沢東や周恩来が力のあるうちに、同じ苦労を知る角栄が交渉した方がいいと考えたのです。

交渉は、紆余《うよ》曲折はあったものの最終的にまとまります。交渉にはタイミングとふさわしい相手が欠かせません。「掛け合いごとというのは、そういうもの」角栄はそう考えていました。

ポイント

相手とタイミングを間違えると交渉は「労多くして益少なし」になる。

35

Kakuei Tanaka Quotes

限られた人生の中で
任を果たせ。

人生は限られている。
まばたきしているうちに、
時は過ぎてしまう。

『20世紀　日本の経済人』、441頁

田中角栄は28歳で代議士となり、39歳で郵政大臣、44歳で大蔵大臣、54歳で総理大臣就任と猛スピードで政界の階段を駆け上っています。総理大臣となった時には「2期6年はやらないよ。俺は人が6年でやることを3年でやり遂げる」とも話しています。

「生き急ぐ」という言い方がありますが、ここに至るまでの角栄はまさに猛スピードで生きています。角栄の朝は早く、午前6時には家族と朝食を取り、地方からの陳情客を迎え、食事時間もわずか10分とせわしないものでした。陳情についても1～3分で返事をします。ものごとには常にタイムリミットがあり、もたもたしている暇はないというのが角栄の考え方でした。長女・真紀子へのプレゼントもいつも時計だったと言いますが、その理由は「人生は限られている。まばたきしているうちに、時は過ぎてしまう」でした。

この言葉通り自民党の幹事長就任に際しては「齢《よわい》50になった。平均年齢70歳まで生きるとするなら、あと7300日。刻むが如《ごと》き人生だ。その限られた人生の中で私は任を果たす」とも話しています。角栄は与えられた時間を「限りあるもの」と自覚していたからこそ驚くほどのスピードで動き、そして決断することができたのです。

ポイント

限られた時間をいかに有効活用するかを考えよう。

36

Kakuei Tanaka Quotes

出世は運。

あとは運だよ。

『私の履歴書　保守政権の担い手』、315頁

どんなに才能に恵まれていたとしても「運」に恵まれないと才能を生かしきるのは難しいものです。田中角栄は1938年に軍隊に入り、満洲で騎兵となりますが、病気のために41年に除隊となっています。終戦時には朝鮮にいたものの、理研からの大金を手に早々に日本に帰ることができただけでなく、自宅や事務所、工場は焼けずに残っていたというから奇跡としか言いようがありません。角栄は妻のはなに「俺はこの大戦の中で、珍しいほどの強運に恵まれた。これは神様のおぼしめしとしか考えられないよ」と話します。

衆議院選挙への出馬も戦後すぐだから可能だったと言えます。たしかに角栄には才能があり、並外れた努力もしていますが、加えて「運」がありました。後藤田正晴が代議士になって間もない頃、「中曽根さんは総理になれますか」と聞いたところ、返ってきたのは「中曽根君は総理大臣になりうる人物だ。あとは運だよ」という答えでした。小沢一郎にも「総理総裁になれるかどうかは、運しかない。だがな、幹事長は懸命に努力すればなれる」と説いています。何かを成し遂げたいなら、まずは懸命な努力をする。運命の女神は運を迎え入れる準備をしてきた人の所に時に微笑むのです。

ポイント

まずは懸命な努力をしろ。そうすれば運命の女神が微笑むこともある。

第３章
人を動かす力

圧倒的なスピーチ力と人心掌握術

どんなに優れたビジョンを持っていても、それを実行してくれる人がいなければ何も実現できません。田中角栄は日ごろから官僚や政治家たちの心をつかむ努力を欠かしませんでした。なぜ新潟に新幹線や高速道路、トンネルが必要かと聞かれた時のこうしたスピーチ力は選挙戦においてもいかんなく発揮され、「雪国には一家団欒はない」など雪国の苦労を知る人間ならでは答えをしています。リーダーにはチームをまとめ、心を1つについて事に当たるとともに、難しい交渉をしっかりとまとめるだけのスピーチ力、交渉力が求められます。

37

Kakuei Tanaka Quotes

良いアイデアは
誰のものだろうと聞く。

大臣室の扉は
いつでも開けておくから、
我と思わん者は
誰でも訪ねてきてくれ。

『田中角栄のふろしき』、29頁

田中角栄は1962年、44歳の若さで大蔵大臣に就任します。「小学校卒の大蔵大臣」ですが、東京大学法学部卒のエリート集団を見事に掌握できたのは、金の力ではなく、能力の高さと胆力にあったと言われています。就任の挨拶で角栄は自らを「高等小学校卒業」と告げたうえで、こう宣言します。

「今日から諸君と一緒に仕事をすることになるのだが、お互いが信頼し合うことが大切だ。従って、大臣室の扉はいつでも開けておくから、我と思わん者は誰でも訪ねてきてくれ。上司の許可はいらん」

さらに新人に対しては、上司にバカがいて、諸君のアイデアを理解できない時は、迷わなくていいから、「遠慮なく大臣室に駆け込んでこい」と言い切っています。

エリート官僚は序列を重んじ、前例を重んじ、責任を取ることを嫌いますが、こうしたことのすべてを否定して、局長だろうが課長だろうが、新人だろうが、誰の話でも聞くというのが角栄の考え方でした。良いアイデアは誰のものにでも耳を傾ける。それは誰にとっても嬉しくやりがいを感じる対応だったのです。

ポイント　すべてのアイデアに対してオープンであれ。やりがいが生まれる。

38

Kakuei Tanaka Quotes

厄介な相手だからといって
逃げるな、隠れるな。

俺が会う。
そのまま大臣室に通せ。

『田中角栄のふろしき』、76頁

厄介な問題が起きた時や厄介な人が押し掛けてきた時、たいていの人は自分が責任者であったとしても、自ら矢面に立つのではなく、まずは下の人間に対処させようとしがちですが、結果、事を荒立て、事が大きくなることが少なくありません。

田中角栄が通産大臣時代に手がけた大問題のひとつが１９７１年10月に決着した日米繊維交渉です。それ以前、宮沢喜一や大平正芳の大臣時代からの懸案であり、長く解決できずにいました。角栄はこの難題を解決するために、日本の繊維業界に輸出の自主規制をのんでもらい、代わりに国が繊維業界に金銭での補償を行うことで「日米繊維協定のための了解覚書」の調印にこぎ着けます。これで一件落着のはずでしたが、繊維業界は猛反発、業界の幹部が通産省に乗り込み、角栄との面会を要求します。通常は局長らが対応しますが、角栄は「俺が会う。そのまま大臣室に通せ」と30分以上にわたって話し合いをします。結局、物別れになり、幹部たちは怒って帰りますが、角栄は「これで業界も納得するはずだ」と平然としていました。幹部たちは大臣に会い、言うべきことを言います。これで彼らの面子《めんつ》も保たれるというのが角栄の見立てであり、やがて騒動は落ち着きます。

ポイント

厄介な問題を部下に押し付けるな、自ら前面に出るからこそ解決できる。

39

Kakuei Tanaka Quotes

正すべきは正し、
話し合うべきは話し合う。

**民主主義は
フィフティー、フィフティーだ。
君らが1時間しゃべれば
わしも1時間。**

『入門田中角栄』、26頁

1957年、郵政大臣になった角栄は初登庁の日、正面玄関に「郵政省」の看板と並んで「全逓労働組合」の大きな看板がかかっていることに驚きます。「大家よりでかい看板を出すやつがいるか」と言うなり、その場で看板をはずさせます。当然、全逓幹部は「無断ではずすのは窃盗だ」と激しく抗議しますが、角栄は「変なことはつべこべ言わんが、正すべきは正す。ただ労働組合に妙な先入観はない。理想的なものにしよう」と反論。

角栄はそれまでの大臣と大きく違っていました。省内が二大派閥に分かれていることを知り、2人の局長を早々に勇退させてまとまりをもたせ、全逓が勤務時間に食い込む職場大会を開いた際には組合員の1割に及ぶ約2万人の処分も断行しています。その一方で、用事があれば呼びつけるのではなく、自ら出向いて話を聞きます。全逓ともそれまでの三役だけではなく、50人の組合員と会談、「同じ職場の人間が話すんだから、とにかくニコニコやろう。民主主義はフィフティー、フィフティーだ。君らが1時間しゃべれば、わしも1時間。2時間なら2時間」と対話を進めます。正すべきは正し、話し合うべきは話し合う。こうした姿勢を貫けば、どんな組織でも信頼関係は生まれることになります。

ポイント **厳しさの一方で、胸襟を開いて話し合えば信頼が生まれる。**

40

Kakuei Tanaka Quotes

本当の苦労を知るからこそ、
真剣になる。

**学生を子に持つ
日本中の親たちは
自分たちの食うものも
削って倅や娘に
仕送りをしてるんだ。**

『異形の将軍』下、91頁

田中角栄の言葉には苦労人ならではのものがあります。角栄は苦労する母親の姿を見て育ったことで中学への進学を断念、高等小学校卒業後すぐに働き始めます。東京に出た角栄は夜間専門の中央工学校に入学しますが、最初の給料はわずか5円。学校の月謝3円50銭を払い、本を買うと測量実習に必要なお金を工面するのさえ苦労します。

学校に通う苦労を知る角栄は1969年、学園紛争収拾のためにつくられた「大学運営臨時措置法」の成立に全力であたります。当初、自民党は強行採決を避けようとしますが、角栄は猛反対を押し切り衆議院で強行採決をします。問題は参議院でした。議長の重宗雄三が審議を遅らせて継続審議にするつもりだと知った角栄は議長室へ駈け込み、「学生を子に持つ日本中の親たちはどうするんだ。自分たちの食うものも削って倅《せがれ》や娘に仕送りしてるんだ。ところが、学校はゲバ棒で埋まっている。こんなことで卒業できるのか。就職できるのか。みんな真っ青になっているんだ。だから、じいさん。早くベルを鳴らせ。やらなきゃ、このオレが許さんぞ」と怒鳴りつけます。重宗は角栄の剣幕に押されてベルを鳴らし、大学運営臨時処置法は成立することになり、やがて学園紛争は沈静化します。

ポイント　信念の言葉が人を動かす。

41

Kakuei Tanaka Quotes

強者にひるむことなく
自分の立場を主張する。

言う通りにして
日本向けの原油の輸入が
ストップしたら、
米国が
肩代わりしてくれますか。

『田中角栄のふろしき』、227頁

内閣総理大臣となった田中角栄は日本列島改造を掲げ、国内での公共事業を推進する一方、精力的な外交交渉によりさまざまな懸案事項の解決に取り組みますが、1973年10月に起きた「石油ショック」で大きな痛手を受けます。銀座のネオンは消え、トイレットペーパーを求める人で長蛇の列ができます。「このままでは日本経済はおかしくなる」という強い危機感を持つ角栄は、中東からの帰途、日本に立ち寄ったアメリカの国務長官ヘンリー・キッシンジャーと、日本の中東政策を巡って激しく議論します。

キッシンジャーが日本に求めたのは、「親イスラエル」ではなくとも、「非アラブ」として、せめてアラブの味方はしないでほしい、というものでした。しかし、「非アラブ」となると、日本が大きく依存する中東からの原油が止まる恐れがあります。角栄は「日本は石油資源の99％を輸入している。しかもその80％を中東から輸入している。もし米国が言う通りにして中東からの日本向けの原油の輸入がストップしたら、それを米国が肩代わりしてくれますか」と主張します。日本は石油危機打開に向けてアラブ支持を表明、中東からの石油の供給を確保することに成功します。

ポイント　**相手が強者《つわもの》であっても、主張すべきはしっかりと主張する。**

42

Kakuei Tanaka Quotes

人の喜ぶ顔が見たい。

モナリザが日本に
来てくれるなんて。
日本の国民に
大きなお土産ができた。

『田中角栄のふろしき』、193頁

田中角栄が日中国交回復に尽力したことや、ヨーロッパ各国を回って資源外交に努めたことへの関心は薄い人でも、ジャイアントパンダの「カンカン」と「ランラン」が日本の上野動物園にやってきた時の熱狂や、ルーブル美術館の「モナリザ」が日本で公開された時の熱狂を覚えている人は多いのではないでしょうか。

この2つを実現したのが角栄でした。ジャイアントパンダは日中国交樹立を記念して中国から日本に贈られたものですし、モナリザはエネルギー供給源の多角化を模索する角栄がフランスのジョルジュ・ポンピドー大統領とエネルギー分野の交渉を終えたあと、「日本の国民に持ち帰る大きなお土産としてレオナルド・ダ・ピンチの絵画『モナリザ』を日本で公開したい」と伝え、それが実現したものでした。当時、「モナリザ」は一度だけアメリカで公開されたものの、それ以外は事実上の門外不出だっただけに、快挙と言える出来事でした。角栄は「モナリザが日本に来てくれるなんて。日本の国民に大きなお土産ができた」と大いに喜びます。日中国交回復もそうですが、角栄は「記憶に残る外交」を展開していました。

ポイント **時には、目に見える、分かりやすい成果が必要だ。**

43

Kakuei Tanaka Quotes

聞く人が知りたがっていることや、
興味のあることを話してやるのは当たり前。

オレの演説は
年寄りにもおっかさんにも、
青年にも、誰にでも
分かるようにできている。

『田中角栄の3分間スピーチ』、12頁

田中角栄の演説には多くの人が惹《ひ》きつけられました。理由は、たくさんの有権者を前にしながら、あたかも「1人対1人」で話しているかのように思わせるところがあったからだと言います。聴衆を惹きつける演説のコツについて角栄はこんなことを言っています。

「他人に話を聞かせるのだから、聞く人が知りたがっていることや、興味のあることを話してやるのは当り前じゃないか」

演説やスピーチに慣れていない人が陥りがちなのが、事前に考えてきた内容を話すことに夢中になるあまり、参加者を置いてきぼりにしてしまうことです。考えてきた内容と当日の参加者の間に「ズレ」が生じるのはよくあることです。たしかに内容は素晴らしいのかもしれませんが、参加者にとって興味のない内容では誰も耳を傾けようとはしません。

その点、角栄は自分の演説に絶対の自信を持っていました。こう言っています。

「オレの演説は年寄りにもおっかさんにも、青年にも、誰にでも分かるようにできている」

政治家に限らず、話す力は大きな意味を持ちます。しかし、「誰にでも分かるように」話せる人はそういません。角栄の魅力は卓越した話す力にありました。

ポイント

独りよがりにならず、常に聞く人を意識しながら話をしよう。

44

Kakuei Tanaka Quotes

人を動かすのはやはり人。

ここまでが役人の作文。
次からが
私の言いたいことです。

『宰相田中角栄の真実』、167頁

人前で話をする時、事前に書いてきた原稿をただ読むだけだと聞く人に感動を与えることはできません。官僚が書いた文章を読むだけの大臣も似たようなものです。

田中角栄は演説も上手でしたが、文章にもかなりの自信を持っていました。文章への自信があった角栄は新聞社のアンケート調査などにも、時間さえあれば自らペンを執って書いていました。簡潔で要領を得た回答だったと言います。

ある時、ある財界人が亡くなり、弔辞を読むことになった角栄は事務当局が用意した弔辞を見るなり、「こんな形式的なもの、読めるか」と言って、自ら書き直しています。情のこもった名文になったと言います。この時に限らず、事務局や役員が用意するものはどうしても形式的なものになりやすいものです。無難ではあっても心がこもっていなければ聞く人に伝わることはありません。角栄は演説などでしばしばこう言って人を笑わせました。

「ここまでは役人の作文。次からが私の言いたいことです」

忙しくとも自分で考え、自分で書き、自分の言葉で演説をする。角栄の人の心をつかむ演説はそうやって生まれてきたのです。

ポイント　**話をする時には借りものではなく、自分の言葉で話そう。**

45

Kakuei Tanaka Quotes

自分を支えてくれる人に
心の底から感謝する。

**大蔵大臣にしてくれたのは
池田総理ではない。
あなた方選挙民なのです。**

『ザ・越山会』、230頁

39歳で郵政大臣となった田中角栄は1961年に党三役のひとつ自民党政務調査会長となり、1962年には大蔵大臣となっています。こちらも44歳と史上最年少の大蔵大臣です。大蔵官僚出身で、「あれは車夫馬丁《ばてい》の徒《と》じゃないか」と評していた首相の池田勇人の指名によるものでした。

大蔵大臣となった角栄は山一證券への日銀特融を決断するなど大きな成果を上げていますが同時に「表日本」中心の財政から「裏日本」の開発も重視するようにしたいという姿勢も打ち出し、豪雪地帯の開発なども進めることを表明しています。その際こんな抱負を口にします。「財政は経済効率を重視した考えで、投資は表日本中心だった。私はこの傾向を修正し、豪雪単作地帯、低開発地帯を重視したい」

それはまさに雪国で生まれ育った角栄が政治家になった理由のひとつでもありました。就任から3か月後、地元に凱旋《がいせん》した角栄を迎えるために、地元では花火が打ち上げられ、紙吹雪が舞います。角栄は支持者を前に「大蔵大臣にしてくれたのは池田総理ではない。あなた方選挙民なのです」と挨拶、支持者たちを熱狂させます。見事な凱旋の挨拶です。

ポイント　感謝の気持ちを忘れず率直に言葉にしよう。

46

Kakuei Tanaka Quotes

相手が望むものを知り、
それを与えればいい。

相手の欲しいものを
もっていけばいいんだよ。
それをもっていけば、
こっちの話を聞く。

『闘争!角栄学校』上、314頁

「命もいらず、名もいらず、官位も金もいらぬ人は、始末に困るものなり」は「西郷南洲遺訓」にある言葉です。こうした人でなければ、国家の大業は成し遂げられぬという意味ですが、これは同時に人が「何を欲しがるか」を知るヒントとも言えます。

田中角栄が自民党の幹事長や総理だった頃の野党は公明党、民社党、社会党、共産党といったところですが、総理時代には共産党が急速に議席を伸ばすなど、角栄にとっては厄介な存在となっていました。角栄は民社党や公明党には太いパイプを持っており、野党対策にも自信を持っていました。ある時、野党が一切の審議に応じなくなり、自民党が困り果てていた時、角栄は「俺が一晩でまとめてみせる」と請け負います。「本当に一晩でまとめられるのか」と聞く議員に角栄は「相手の欲しいものをもっていけばいいんだよ。地位が欲しければ地位。名誉が欲しければ名誉。金が欲しければ金。それをもっていけば、こっちの話を聞く。理屈は、いらないんだよ」と秘訣《ひけつ》を明かします。

人それぞれに望むものや考え方、性格はさまざまです。人を動かすためには、「人はどうすれば動くか」を知り、その人に合わせた細やかな対応が必要なのです。

ポイント　人を動かすにはワンパターンではなく、十人十色のきめ細かな対応を。

47

Kakuei Tanaka Quotes

喜びよりも悲しみに
深く寄り添え。

**冠婚なんて
お祝いはいつでもできる。
死んだ方は待ったなし。**

『宰相田中角栄の真実』、29頁

政治家にとって冠婚葬祭は決して欠かしてはならないもののひとつですが、田中角栄にとって「冠婚葬祭」は「冠婚」ではなく「葬祭」でした。元秘書の佐藤昭子によると「冠婚なんてお祝いはいつでもできる。死んだ方は待ったなし。今日死んだら明日は葬式なんだ。これはどんなことがあっても、自分と関わりがあった方に対しては冥福を祈る。これは欠かしちゃいかんと」が角栄の口癖だったと言います。

角栄は毎年、夏の1か月を軽井沢で過ごし、どんな用事があっても永田町に帰ることはありませんでしたが、葬祭だけはヘリコプターを飛ばしてでも通夜に駆け付け、本葬にも出席しました。さらに、親しかった人が亡くなった時には、その家族の心配までして、時には残された子どもたちの親代わりとして子どもたちが学校を続けられるように援助をすることもあったと言います。こうした姿勢は敵対する政治家に対しても変わることはありませんでした。

人の喜びに拍手を送ることは誰でもできますが、失意の底にある人に寄り添うのは決して簡単ではありません。しかし、本当に支えが必要なのは後者の時なのです。

ポイント

喜びに寄り添うのは誰にでもできる。失意の底にある者にも温かい目を配れ。

48

Kakuei Tanaka Quotes

部下が苦境にある時、
助けられるのはリーダーだけだ。

秘書官といっても
仕事はしなくていい。
つぎの選挙のための
準備をしておれ。

『田中角栄の3分間スピーチ』、170頁

好調な時には多くの人が寄ってきますが、不調になると途端に人が去っていくというのはよく言われることです。それほどに人は計算高く、薄情なところがありますが、田中角栄は落ち目の人、失意の人に対しての接し方が実に巧みでした。

ある代議士が総選挙で落選して議員会館からの退去を迫られた時、角栄は田中派のある幹部の砂防会館にある事務所の一角を机と電話付き、家賃ゼロで使えるように手配してくれたと言います。さらに、同じ田中派の大臣の秘書官に任命、秘書官室も給料も確保してくれます。そして「秘書官といっても仕事はしなくていい。つぎの選挙のための準備をしておれ」と伝えます。代議士は選挙で落選すれば「ただの人」です。支援者の中にも見限る人が出てもおかしくはありませんが、角栄は落ち目の人、失意の人にもしっかりと心配りを欠かさなかったため、次の選挙で当選を果たした代議士が、「俺は何としても田中先生のお役に立たなきゃならんのだ」と誓ったのも当然のことでした。

「他の人が苦境にある時、助けられるのは大野伴睦《おおのばんぼく》と田中角栄だけだ」は、ある田中派議員の角栄評ですが、逆境にあって助けてくれる人ほどありがたい存在はいません。

ポイント　逆境にある人にこそ温かいまなざしを。

49

Kakuei Tanaka Quotes

人間関係は義理人情。

味方にならなくたって、いい。
いざというときに、
敵にまわらなければ、
それでいいのさ。

『闘争!角栄学校』下、308頁

「国民のなかに思想の38度線が引かれている」は、1962年に田中角栄が通常国会衆院本会議で発言した言葉です。「38度線」というのは、朝鮮半島の北朝鮮と韓国を分断する緯度ですが、角栄は国際社会の対立を日本に持ち込むことへの懸念からこう話したといいます。イデオロギーの対立はいつだって激しいものですが、角栄は与党でありながら社会党や民主党、公明党の議員たちともつながりを持っていましたし、自民党内の他派の人たちの面倒を見ることもよくありました。

秘書の佐藤昭子が「そんなにたくさんの人の面倒を見て、みんな味方につけようたって、それは無理ですよ」と注意すると、角栄は「味方にならなくたって、いい。いざというときに、敵にまわらなければ、それでいいのさ」と答えて平然としていました。政治家の中には自分に近寄ってくる人間には「とてもいい人」なのに、批判する人はやたらと攻撃し遠ざけようとする人がいますが、それでは「分断」や「対立」が進むばかりです。「人間関係は義理人情、政治関係は理性」が信条の角栄は、反対者を切り捨てるのではなく、人として情を持って接しようとしていました。

ポイント　反対者だからと安易に切り捨てるな。敵を増やすだけ。

50

Kakuei Tanaka Quotes

人を憎んでいいことはない。

己のみを正しいとして、
他を容れざるは、
民主政治家にあらず。

『入門田中角栄』、22頁

田中角栄が内閣総理大臣になった時、マスコミが贈った称号は「今太閤」でしたが、角栄自身は「信長だね。私ともうそっくりだね」と話していました。たしかに角栄は「革命児」でしたが、信長のように冷酷・非情にはなりきれませんでした。しばしば口にしていたのが、「憎んで、何でいいことがある」でした。

角栄の特徴のひとつは「柔軟さ」にあります。自民党幹事長時代も「野党も友人さ」と口にして、その姿勢に野党の幹部は「だまされやしないかと気にもなるが」と苦笑いしつつも、角栄の柔軟さを認めざるを得なかったと言います。

また、訪ねてくる人には誰とでも分け隔てなく話をします。総評や同盟といった労働組合もいれば、主婦連や野党などの反対勢力もいましたが、角栄はこうした人たちとの会談にはいつでも応じています。郵政大臣の時にも全逓の幹部だけでなく、何十人もの人間と会い意見を交換しています。若き日、議会で「己のみを正しいとして、他を容《い》れざるは、民主政治家にあらず」とも演説していました。敵対する者を憎んだり排除するのではなく、耳は傾ける。こうした柔軟さ、懐の深さも角栄の魅力のひとつでした。

ポイント

「嫌だから」と排除するのではなく、時には話に耳を傾ける。

51

Kakuei Tanaka Quotes

人の悪口は
決して言わない。

1人の悪口を言えば
10人の敵をつくる。

『決定版　私の田中角栄日記』、182頁

田中角栄が自らの性格について、こんな分析を披露していました。

「短所はまた長所なり。長所はまた短所でね。やっぱりね。情に流されるところがあるかもしれませんね。冷酷とか酷薄とかいうことは、そういう字を見るのもいやだね。政治にはそういうものがある意味では必要なんだろうが、ほど遠いですな」

インタビューを行った朝日新聞の記者は「コンピュータ付きブルドーザー」と呼ばれた角栄には「非コンピュータ的な古い義理人情の顔が表れる」と書いています。この記者の見立て通り、角栄には非情になりきれないところがあり、他人に対する悪口を嫌い、ある演説で「私はかつて人の悪口を言ったことがあるか。誰か私が一度でも人の悪口を言っているのを聞いたことがあるか。私は一度としてない」と言い切っています。

元秘書の佐藤昭子によると、角栄の口癖のひとつは「1人の悪口を言えば10人の敵を作る。俺から仕掛けたケンカは1回もない」でした。悪口を言ったり、喧嘩《けんか》を仕掛けたりしても得るものはほとんどありません。角栄を評する言葉はたくさんありますが、ある人によると最もぴったりくるのが「人情味」「人間味」だと言います。

ポイント　人の悪口を言えば、気持ちは晴れても他に得るものはない。

52

Kakuei Tanaka Quotes

ものさしの違いについて
十分考えなければならない。

相手のものさしに
合わせて考えないと
失敗する。

『私の履歴書　保守政権の担い手』、369頁

近年、若い首長と年配者の多い議員がぶつかり合い、お互いにとげとげしい物言いをすることがよくあります。お互いの主張の違いはあるにせよ、ぶつかり合うだけでは問題の突破口が見えてくることはありません。

田中角栄をよく知る人によると、角栄は「常に相手の立場になってものを考える人」だと言います。そう考えるようになったきっかけは、若き日の巡査との衝突です。井上工業で働いていた頃、夜学からの帰り道、自転車に乗っていた角栄は巡査に呼び止められ、無灯火を法律違反と指摘されます。最初は素直に謝りますが、巡査のあまりに強硬な態度に怒り、法律用語を駆使して猛抗議します。しかし、激高する巡査を見て、角栄が「今度の所は寛大に」とお願いすると巡査はニヤリと笑って許してくれます。角栄はこの衝突を「ものさしの違い」と考えます。『ものさし』の違いについて、将来じゅうぶん考えなければならない。特に相手の『ものさし』に合わせて考えないと失敗するぞと、その時強く感じた」と振り返っています。互いの「ものさし」が違えば、どうしても衝突することになります。しかし、時には「相手の立場で考える」ということも大切なのです。

ポイント

主張するのはいいが、時に相手の立場で考えることも忘れずに。

53

Kakuei Tanaka Quotes

人任せではだめだ。
自分で責任を負って戦え。

**もしそういうことがあれば、
俺に人を見る目が
なかったということだ。**

『異形の将軍』下、173頁

田中角栄が初めて衆議院選挙に出馬したのは１９４６年のことですが、この時は37人中11位で落選しています。当時、角栄は27歳でしたが、豊富な資金と理研人脈があり、当選確実と思われていましたが、選挙戦が進むにつれて様相が一変します。頼りにする理研の柏崎工場長の弟が立候補したことで理研の支持が割れただけでなく、陣営の参謀と頼りにしていた有力者が次々と立候補、角栄の支持基盤を奪っていったのです。

「私は戦わない前にいやな気持ちになった」が当時の角栄の思いであり、「田中は選挙のプロに食い物にされた」「田中の潤沢な資金を懐に入れて立候補した」というのが当時を知る支持者たちの感想です。角栄は成功した経営者でも、選挙の素人でした。

結果、角栄を裏切った人間が当選した一方で、角栄は落選することになります。その後、角栄は「選挙は人任せではだめだ」と考え、すべて自前の人を使って取り組むようになりました。

人はしばしば裏切るものです。しかし、角栄はこう考えます。

「もしそういうこと（裏切り）があれば、俺に人を見る目がなかったということだ」

勝ち抜くためには安易な人任せは禁物だし、人を見抜くたしかな目も欠かせません。

ポイント

安易な人任せは失敗の原因になりやすい。「任せて任せず」で。

54

Kakuei Tanaka Quotes

リーダーは背中で語れ。

人を動かそうと思ったら、
一番に自分が働くことだ。

『闘争!角栄学校』上、36頁

田中角栄は人を動かす天才でしたが、それができたのはお金や権力の力があったからではなく、加えて「人を動かそうと思ったら、一番に自分が働くことだ」という信念を貫いていたからです。一日中、一年中働いていた母親の影響でしょうか、角栄は総理に就任した際も支持者を前に「働き者の越後もんの名を汚しません」と言うほど「働き者」を自任していました。

上京して独立して共栄建築事務所を設立した角栄は、社長でありながら朝は5時、6時に起きて出社しました。掃除を終えると取引先に出向いて打ち合わせを行い、事務所では設計に必要なメモを渡して技師たちに設計をしてもらうだけでなく、社長自らみんなと一緒に夜の11時、12時まで図面を描き、強度計算や工事仕様書、工事入札要領の作成までをこなしていました。理由は「社長でございといって、椅子にふんぞり返ってちゃあ、社員は働きはしめぇ。人を動かそうと思ったら、一番に自分が働くことだ」という信念からです。会社も組織も経営者の器以上に大きくはならないものです。みんなに働いてほしければ率先して自ら働く。だからこそ角栄は多くの人を率いていくことができたのです。

ポイント

自ら範を示してこそ人は付いてきてくれる。

55

Kakuei Tanaka Quotes

とにかく顔を売れ。

マスコミは大いに
利用した方がいい。
毎日毎日、日本中を
辻説法して歩いても、
テレビには
はるかに及ばない。

『異形の将軍』上、280頁

「どんなに素晴らしい商品をつくっても、世間に知られなければ価値はない」はアメリカ大統領ドナルド・トランプの言葉です。若い頃から物議を醸す発言や行動の多かったトランプですが、トランプにとってそれも「宣伝」のひとつでした。たとえ悪評でも何も報じられないよりはいい。そんな割り切りで常にニュースを提供することでトランプは人気者となり、不動産王となり、そして大統領となっていきます。

田中角栄もマスコミの利用が巧みでした。著名人との対談に登場したかと思うと、ラジオで浪曲を披露したり、NHK「年忘れ紅白歌合戦」の審査員もしています。郵政大臣でありながら、出演を頼まれると気軽にテレビに出演する理由を角栄は「自分の考え方や政策を広く国民に訴えるために、マスコミは大いに利用した方がいい。毎日毎日、日本中を辻説法して歩いても、テレビにははるかに及ばない」と説明しています。

角栄は郵政大臣としてテレビの大量免許を認めていますが、それができたのもテレビの持つ影響力を熟知していたからにほかなりません。マスコミは敵にもなれば味方にもなる。角栄はテレビの力を最大限に利用した政治家でもあります。

ポイント　**どんなに素晴らしい事も世間に知られなければ価値はない。**

56

Kakuei Tanaka Quotes

嫌われる勇気がかえって
信頼をもたらすこともある。

**人にノーと言うのは
勇気のいることだ。
しかし、信頼度はノーで
高まる場合もある。**

『田中角栄の3分間スピーチ』、184頁

田中角栄のもとには毎日、何百人もの陳情客が訪れていました。いずれも票につながる大切なお客ですが、そうした陳情に対して角栄は「ダメなものはダメ」とはっきり言うことで知られていました。もちろんできるものに関しては「これはできる。それは3年後、そっちは5年後だ」とはっきり期限まで切って言いますが、間違っても「できない」ものを「できる」と言うことはありませんでした。理由はこうです。

「足を切断しなきゃならない人には『今日、お切りなさい』ときっぱり言う。半端な治療をして足を腐らせてしまうようなことはしない。その事業はやめた方がいいとか、書類がズサンすぎるよとか、この外科医は人殺しもしますよ」

このように角栄が医者、陳情客が患者だとすると、角栄は甘い言葉でお茶を濁すとか、思わせぶりな発言をしてごまかすこともしませんでした。できないことにははっきり「ノー」を言う代わりに、「できる」と言った以上は断固やるというのが角栄の考え方でした。世の中には「ノー」が言えない人が少なくありません。部下や取引先には平気で「ノー」が言えるのに、上の人間には言えない。これでは信頼を得ることはできないのです。

ポイント　イエス、ノーをはっきり言ってこそ人から信頼されるし、人もついてくる。

57

Kakuei Tanaka Quotes

いい加減な返答を
しないからこそ信頼できる。

**必ず返事を出すんだ。

結果が相手の
希望通りでなくても、

「聞いてはくれたんだ」

となる。**

『異形の将軍』下、85頁

田中角栄のもとに多くの陳情者が訪れたのには理由があります。田中の懐刀とも言える後藤田正晴は警察庁時代、予算の関係で田中を何度も訪れていますが、当時から角栄の対応は他の政治家とは大きく違っていたと言います。後藤田によると、普通の政治家は警察幹部が話に行くと適当な返答が多かったのに対し、角栄はじーっと聞いて「分かった」と言う時は必ずやってくれるし、「難しいなあ、これは」と言う時はできない場合が多かったと言います。いい加減な返答はしないからこそ信頼できたのです。

こうした姿勢は選挙区の人に対しても同様で、小出町長を務めた大平提司は、話を聞いて即座に「できる」か「難しい」かを言ってくれるのがありがたかったと話しています。こうしたやり方について角栄は「必ず返事を出すんだ。結果が相手の希望通りでなくても、『聞いてはくれたんだ』となる。大切なことだよ」と説明しています。

話を聞く時にはしっかりと聞くのはもちろんですが、大切なのは「考えておく」という曖昧な態度ではなく、「できる」なら「できる」と、「考える」なら、「いつまでに返事をする」と期限を切ることです。話を聞いたら必ず返事を出す。そこに信頼が生まれます。

ポイント **話は聞くだけではなく、必ず返事を出せ。そこに信頼が生まれる。**

58

Kakuei Tanaka Quotes

99%大丈夫でも
残り1%に注意を払う。

俺の名刺を持ってきてくれ。
これを届けろ。

『田中角栄のふろしき』、72頁

田中角栄は元秘書の佐藤昭子によると、たとえ99％大丈夫であっても、決して安心することはなく、残り1％にも細心の注意を払ったと言います。

通産大臣になった田中角栄は難航していた日米繊維交渉に決着をつけますが、そのためには繊維業界が抱える古い織機を政府が買い取るための2000億円の予算が必要でした。通産省の通常予算とは別枠で大蔵省に予算を割り振ってもらう必要があります。角栄と総理大臣の佐藤栄作との間で話はまとまっていただけに、あとは通産省の事務方が大蔵省と話をすればすんなり予算がつくはずですが、角栄は「あとは任せた」ではなく、細かいところまで手を打ちます。まずは大蔵大臣の水田三喜男に電話をかけて、「総理も了承している。2000億円を出してくれ」と説得します。さらに秘書官に名刺を持ってこさせると、「徳田博美主計官殿　2000億円よろしく頼む」と書き添えて主計官に届けさせます。総理の了解を取り、大蔵大臣の了解を得て、さらに担当の主計官に名刺を届けるという徹底した根回し、心配りがあれば、事務方同士の話がこじれる心配はありません。角栄は、ものごとを進めるに際しては関係するすべての人に細心の配慮をしていました。

ポイント　**「まず大丈夫だから」と安心するな、細部にまで気を配れ。**

59

Kakuei Tanaka Quotes

人をもてなすなら
徹底的にやれ。

こういう気くばりは、
ほかのどんな国でも、
まずやらない。

『田中角栄のふろしき』、121頁

交渉などを有利に進めるためには、こちらの準備ももちろん必要ですが、交渉相手について調べられる限りのことを調べることも大切になります。孫子の「敵を知り己を知れば百戦危うからず」ではありませんが、まずは相手を知り、それを生かすことが求められます。田中角栄は大臣に就任した際には、官僚たちの氏名や入省年次、出身校をはじめとしたさまざまな情報を知り、上手に活用することを得意としていましたが、そんな角栄が感心したのが総理大臣となって中国を訪問した際の中国のもてなしでした。

中国側は角栄が訪中する前に秘書の早坂茂三を訪ね、角栄の趣味嗜好《しこう》の一切を聞き取っています。暑がりである角栄のために部屋の温度は17度、テーブルにはおしぼりと水の入ったコップ。朝食の味噌汁は新潟県の「西牧」の味噌を使い、米ももちろん新潟のこしひかりというこだわりようでした。角栄はこう言います。

「こういう気くばりは、ほかのどんな国にでも、まずやらない」

どの国でも山海の珍味は用意しますが、中国の気配りはさらにこまやかなものでした。ここまで徹底されれば、さすがの角栄も「やるねぇ」と言うほかありませんでした。

ポイント

交渉を有利に進めたければ、相手について知り尽くせ。

第４章
人を育てる力

若い力を見出し
鍛え育てる

リーダーの役目は、「結果を出す」と同時に、「自分を凌駕するほどの部下を育てる」ことにあります。その点、田中角栄ほど多くの政治家を育てた人は他にいません。現在の石破総理も田中に育てられた政治家の1人ですが、ほかにも小沢一郎や後藤田正晴、竹下登や羽田孜、野中広務や梶山静六、二階俊博など多くの大物政治家が田中角栄門下で育っています。今日のように二世三世だらけの政治家を見ると、たたき上げの議員を見出し育て上げた手腕は見事としか言いようがありません。

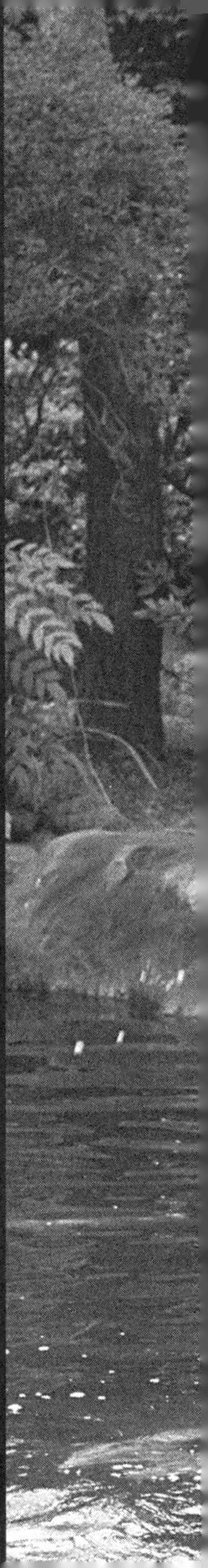

60

Kakuei Tanaka Quotes

思い切りやってくれ。
責任は取る。

できることはやる。
できないことはやらない。
すべての責任は
この田中角栄が背負う。

『田中角栄のふろしき』、29頁

「前例にとらわれることなく果敢に挑戦しろ」と檄《げき》を飛ばすトップはたくさんいます。社員の挑戦を後押しする頼もしい言葉に聞こえますが、問題は挑戦したものの失敗した時です。その時に「お前の責任だ」と責めるのか、「さらなる挑戦」を後押しできるかが、組織を挑戦の風土に変えるかどうかのカギを握っています。

44歳の若さで大蔵大臣に就任した田中角栄はエリート官僚を前に、自分は高等小学校卒だが、「棘《とげ》のある門松は、諸君よりいささか多くくぐってきていて、いささか仕事のコツを知っている」と前置きしたうえで、「できることはやる。できないことはやらない。しかし、すべての責任はこの田中角栄が背負う。以上」と言い切っています。

官僚が恐れるのは「失敗して責任を取る」ことです。失敗や責任を取ることが怖いからこそ前例踏襲になるし、新しいことへの挑戦を嫌がるわけですが、角栄のように「すべての責任は背負う」と言ってもらえれば、挑戦も可能になります。リーダーの役目はいくつもありますが、人を動かし、人を使ううえで大切なのは、何かあった時に責任を取らせるのではなく、責任を取ることです。角栄は頼もしい上司に見えたはずです。

ポイント　リーダーの役目は責任を取ることである。

61

Kakuei Tanaka Quotes

数字をあげてこい。
その分、数字で報いてやる。

**きちんと仕事をしろ。
そうすれば客観的に
評価もしてやる。**

『田中角栄のふろしき』、51頁

組織で仕事をする人間が最も不満を感じるのは、自分がやりたいことができないことと、自分のやったことがきちんと評価されないことです。中には自分のことを高く評価しすぎる人もいますが、やはり評価への不満、不公平な評価は不満を生み、やりがいを奪うことになります。

通産大臣に就任した田中角栄は就任の挨拶で官僚たちの入省年次や出身大学などすべて「俺の頭の中にきちんと入っている」と前置きしたうえで、こう言い切ります。

「きちんと仕事をしろ、そうすれば客観的に評価もしてやる。数字をあげてこい。その分、数字で報いてやる」

つまり、官僚組織が入省年次や出身大学を重んじる、年功序列の組織であることを承知のうえで、法案をつくるとか、予算につながるようなしっかりとした仕事をした人間には入省年次や出身大学にかかわらず客観的に評価して、数字で報いるということです。年功序列より実力主義ということでしょうか。やがて作家の堺屋太一ら若き通産官僚たちは角栄の『日本列島改造論』に深く関わることになります。

ポイント　学歴や年齢にとらわれず、力ある人をきちんと評価しよう。

62

Kakuei Tanaka Quotes

懸命に知恵を出せば
難局は切りぬけられる。

**おい、東大法学部、
知恵を出せ、知恵を。
頭はこういう時に
使うもんだ。**

『田中角栄のふろしき』、134頁

「困らなければ知恵は出ない」という言い方があります。たしかに人は順調な時にはさほどの知恵はいりませんが、困った時、難局に陥った時には懸命に知恵を出すことが求められます。そして人は知恵を出し、難局を乗り切ることで成長します。

内閣総理大臣に就任した田中角栄の最初の大仕事は日中国交正常化ですが、訪中時にその成功が約束されていたわけではありません。角栄自身「うまくいく可能性は50％」と言っていたように、国内の反対意見を含め、厳しい交渉が予想されました。事実、当初の友好ムードも本格交渉に入ると一転、中国側の提示した「復交三原則」を受諾しない限り交渉決裂という状況に追い込まれます。復交三原則を認めると、サンフランシスコ講和条約や日華平和条約との矛盾が生じ、また台湾側が激怒することになります。角栄は同行した大平正芳《おおひらまさよし》とともに「おい、東大法学部、知恵を出せ、知恵を。頭はこういう時に使うもんだ」と官僚たちを鼓舞し続けます。結果、何とか解決策を見いだし、角栄は毛沢東との会談を経て、日中国交正常化の共同声明の調印式にこぎ着けます。追い詰められた中でも諦めることなく、みんなで知恵を出し続けた結果でした。

ポイント

困った中で諦めることなく知恵を出し続けることで人は成長できる。

63

Kakuei Tanaka Quotes

実際に仕事をしている人間にこそ
目を向けろ。

**次官や局長に
接近するよりも、
実際に仕事をしている
課長、課長補佐から
実務の内容を聞きとろう。**

『異形の将軍』下、15頁

田中角栄は1952年から56年にかけて、遅れている道路整備を推し進めるために①道路法、②ガソリン税法、③有料道路法からなる「道路三法」を議員立法で成立させていますが、この時、角栄が頼りにしたのが大蔵省や建設省の若手官僚です。法案の審議を進めるにあたって難しい局面になると、角栄は若手の実務者をつかまえて、「日本再建の基礎は道路だ」と力説、一人ひとりを説得して歩いています。「なぜ若手なのか」という理由を「次官や局長は、俺の言うことを受け付けないだろう。彼らに接近するよりも、実際に仕事をしている課長、課長補佐から実務の内容を聞きとろう」と話しています。

彼らと話をして、「これは」という相手を見つけると、自宅に呼んで内部事情や実務の内容を詳しく尋ねています。入省年次や学歴、誕生日、家族構成までを調べて、自宅に呼んだ者には高価な土産物を渡し、桁外れの祝儀や贈り物などで彼らの心をつかんでいきます。ここまでやられて感激しない者はいません。こうした日頃の付き合いがあってこそ議員立法は成立し、陳情への素早い返事を得ることができます。さらに、若手とのパイプがのちに『日本列島改造論』につながり、中には国会議員になる者も誕生しています。

ポイント　リーダーは上ばかり見るのではなく部下にこそ目を向けろ。

64

Kakuei Tanaka Quotes

「さあ、どうする?」と懸命に考えさせることで
最高の案を引き出す。

君たちの
言うとおりにやったが、
結果は悪くなった。
ここからだ。どうする。

『田中角栄のふろしき』、64頁

部下たちに比べて上司の方が経験も豊富で先も見通せる場合、上司はつい部下たちに細かく指示しがちですが、それでは人は育ちません。田中角栄は人の才能を見いだし、育て、動かすことを得意としていましたが、どうやってそれを可能にしたのでしょうか？

1971年、角栄は通産大臣に就任しますが、その際、解決すべき課題となっていたのが日米繊維交渉でした。二代にわたる大臣が解決できなかった難題ですが、最初の交渉では角栄は「君らの言う通りでやろう」と官僚の筋書き通りの対応をします。その対応ぶりは官僚たちが「感服だ」と言うほど見事なものでしたが、難題が解決することはなく、状況はさらに悪化します。角栄は官僚たちに「君たちの言うとおりにやったが、結果は悪くなった。ここからだ。どうする」と対案を考えさせます。

そこから出てきたのが日本側の輸出を制限し、国が損失を補填《ほてん》するというウルトラCですが、角栄は即座に了承し、総理大臣をはじめとする関係者の了解も取り付けます。まずは部下の案通りに動き、うまくいかないからと「どうする？」とさらに考えさせる。こうしたやりとりを通して角栄は若手官僚たちを鍛え育てたのです。

ポイント

まず部下のアイデアに乗り、ダメなら「どうする？」とさらに考えさせる。

65

Kakuei Tanaka Quotes

しつこいぐらいに
ビジョンを語れ。

当選するだけじゃダメだ。
これから三万軒歩け。

『宰相田中角栄の真実』、104頁

田中角栄は最初の衆議院選挙では落選しますが、1947年衆議院選挙で見事に当選します。最初の選挙での「人任せ」が敗因と気づいた角栄は、「田中はとにかく山の中に入っていった。天気が悪かろうと、行けるところまで行こう、と腰が軽かった」と選挙区をくまなく回っています。そのかいあって28歳で代議士になります。以来、角栄は自分が目をつけた若い候補者たちにも同様の活動をするようにアドバイスします。

「田中の懐刀」と呼ばれ、中曽根内閣の内閣官房長官などを務めた後藤田正晴は最初の選挙では落選したものの、2度目の挑戦で当選しますが、「昼間は一軒一軒歩いて言葉をかける。山の上に一軒家があれば、そこまで登っていく。雨の日も風の日も、そうして歩いた。徹底した歩き作戦を教えてくれたのは田中さんである」と振り返っています。

父親の後を継いで立候補した羽田孜（第80代内閣総理大臣）も「君の場合はお父さんが大変に苦労しながら築いた地盤だから間違いなく当選する。しかし、当選するだけじゃダメだ。これから三万軒歩け」と言われ実践します。「選挙に僥倖《ぎょうこう》はない。流した汗の分だけ結果が出る」ことを角栄は若き候補者たちに伝え、とことん実践させていました。

ポイント　**大変でも地道な活動を自らも実践し、部下にも実践させよう。**

66

Kakuei Tanaka Quotes

相手のことを知り、
距離を縮めろ。

役人の入省年次を覚えろ。

『宰相田中角栄の真実』、138頁

『田中角栄のふろしき』によると、大蔵大臣に就任した田中角栄は、その年に官僚になった新人と初めて会う際、全員の名前を一人ずつ口にしながら順番に握手をすることで驚かせたと言います。その間、メモを見ることもなく、秘書官に聞くこともなく、名前を呼ぶのです。その場にいた新人の一人・野口悠紀雄によると、実はこれはとても怖いことで、普通の官僚なら絶対にやらないと言います。

理由は1人でも言い間違えると困るからで、官僚はそのリスクを避けるのに対し、角栄はそれを見事にやり切ったことで角栄への見方が変わったと言います。さらに角栄は官僚一人ひとりにこまやかな気配りをしながらその能力を見極めていきますが、それが議員立法の成立や陳情の実現、情報収集などに大いに役立っています。長年、こうした努力を積み重ねた角栄だけに、のちに首相となる竹下登にも「役人の入省年次を覚えろ」「これから10年間の建設省の人事構想を描いてみろ」と具体的なアドバイスをしています。

高い次元の話とともに、自らが身に付けて実践してきた人を動かし、政治を動かすための具体的なノウハウを教えてくれることも角栄の魅力でした。

ポイント

アドバイスは自ら学び取った効果的なものを授けよう。

67

Kakuei Tanaka Quotes

本来やるべきことを
見失うな。

**君たちは
立法府の議員じゃないか。
なぜ議員立法を
やらないんだ。**

『宰相田中角栄の真実』、39頁

田中角栄の下からは小沢一郎や羽田孜、後藤田正晴や野中広務といった、のちに政界を動かすことになる議員が育っていますが、角栄が若手議員に言っていたのは、選挙区に「金帰火来（金曜日に帰り、火曜日に戻る）」することや、冠婚葬祭や集会などに熱心に参加すること以上に、議員立法をやることでした。こう言っていました。

「君たちは立法府の議員じゃないか。なぜ議員立法をやらないんだ」

角栄によると、国会議員は「常在戦場」の覚悟も必要ですが、それは勉強もせず、議員立法もせず、選挙区に熱心に帰ることではなく、地元のため、国民のために議員立法をつくり、提案者として委員会や本会議で説明し、法案を成立させるほどの努力をすることでした。その方が「よっぽど選挙運動にもなるし、うんと勉強になる」というのが角栄の考え方でした。角栄は早くから「道路三法」などの議員立法を提案し、自ら答弁に立ち、根回しをして成立させています。この苦労が角栄を成長させ、若くして大臣に抜擢《ばってき》された理由ともなっています。「分からないなら、俺が持てる知恵を全部貸してやる、教えてやるよ」と語る角栄は新人議員にとって厳しくも頼りになる存在でした。

ポイント **「若いから、経験がないから」と制限をかける必要はない。挑戦させよう。**

68

Kakuei Tanaka Quotes

「徹底してしごく」と
ハッパをかける。

**お前らにはなんにも
政治の財産がない。
徹底して
勉強しなきゃ駄目だ。
しごいてやる。**

『宰相田中角栄の真実』、107頁

田中角栄が全国に一気に人脈を広げたのは、佐藤栄作内閣で自民党幹事長を務めた時でのことです。自民党の幹事長は政策のすべてに通じ、党の方針を決定し、選挙を指揮し、資金の面倒も見ることになります。当然、都道府県の知事や議員が陳情に訪れますし、霞が関の役人も訪ねてきます。企業とのパイプも強固になります。そのことを知る角栄は「政治家の醍醐味《だいごみ》は総理ではない。政権政党の幹事長になることだ」と話していました。

幹事長時代の1969年、角栄は総選挙を指揮し、自民党に303議席という大勝利をもたらしています。角栄にとっては10回目の当選ですが、この時に初当選したのが小沢一郎や羽田孜、梶山静六といった、のちに日本の政治の主役となる新人議員です。小沢と羽田は2代目であり、政治の素人でしたが、当選から間もなく角栄に「お前らにはなんにも政治の財産がない。徹底して勉強しなきゃ駄目だ。しごいてやる」と言われています。2人とも2代目であり、親の代からのカンバンや地盤があり、選挙の苦労はあまりしなかったのですが、肝心の政治経験はありませんでした。若手議員は田中の下で競い合い、鍛えられることで政治家として成長していきます。

ポイント

若手は鍛えられ、競い合ってこそ大きく成長できる。

69

Kakuei Tanaka Quotes

お金の力だけで人の心を
つかむことはできない。

**来い、来いと集めた部下は
イヤになればすぐ離れるが、
自分から寄ってきた部下は
離れていかない。**

『田中角栄の3分間スピーチ』、188頁

田中角栄の派閥・田中派は最盛期には100人を超える国会議員を抱え、数の力で政界を牛耳っていました。そのため「角栄は金の力で人を集めた」とも揶揄《やゆ》されることもありましたが、現実には「田中派に入れてくれ」と言われても、「まあ、待て」と言うことも多く、また選挙を物心両面で支えたにもかかわらず、「オレの派閥に入れ」とは一度も言わなかったこともあると言います。

たしかに角栄は若い頃から政治資金の面倒を見るなど仲間づくりに取り組んでいますが、ある参議院議員は全国区に立候補した際、角栄と大平正芳から物心両面で世話になったものの、角栄は「大平のところより、俺の派閥に入れ」とは一言も言わなかったといいます。この参議院議員は角栄の考え方を「来い、来いと集めた部下はイヤになればすぐ離れるが、自分から寄ってきた部下は決して離れていかない。本当の部下とは、そういう部下を言うんだ」と評し、田中派が長く一枚岩だった理由も角栄のこうした「人集め」にあったと見ています。「金の切れ目が縁の切れ目」という言い方がありますが、金と権力にプラスアルファの何かがない限り強い組織はつくれるものではないのです。

ポイント

強い組織をつくるには金と権力だけでは限界がある。

70

Kakuei Tanaka Quotes

勝ちたければ
死に物狂いの努力をしろ。

壁に爪を立てて
はい上がってこい。
塀の上に顔を覗かせたら、
ひょいとつまみ上げてやる。

『入門田中角栄』、245頁

田中角栄は面倒見のいい人物ですが、政治家を目指す人間に対しては優しいだけではなく、非常に厳しいことも言っています。角栄は初めて選挙に出た時、若さに任せて「とにかく山に入っていった。天気が悪くても行けるところまで行こうと腰が軽かった」と支持者たちや有権者も驚くほど精力的に活動しています。お金は稼いでいましたが、学歴も地盤も持たない若者が選挙に勝ち抜くためには死に物狂いの運動が必要だったのです。

若い頃、これほどの選挙運動をしているだけに新しく立候補する新人や、苦戦が予想される候補者への注文が厳しくなるのも当然のことでした。選挙戦の苦しさにくじけそうな候補者には「壁に爪を立ててはい上がってこい。塀の上に顔をのぞかせたら、ひょいとつまみ上げてやる」とハッパをかけています。

並の努力では認めない。死に物狂いの努力をしてこそ助けてやるという意味です。簡単に音を上げるくらいなら政治家など目指さない方がいいのです。ある起業家が起業の際の情熱は初段から十段まであると話していましたが、恐らく政治家の死に物狂いも同様に初段から十段までであり、角栄はいつだって十段の死に物狂いを自らと候補者たちに求めていたのでしょう。

ポイント

甘やかすな、ただし、懸命の努力をする者は全力で助けろ。

71

Kakuei Tanaka Quotes

多くの人に伝わる
メッセージを心がけよ。

政治家の資質は
50人の前でしか話が
できない人、
500人の前でしか話が
できない人、
1000人の前でしか話が
できない人、
という具合に分けられる。

『闘争!角栄学校』中、376頁

自分の考えを誰かに伝え、そして行動を変えようと思えば、話す力は不可欠です。田中角栄は素早い決断力や実行力を持っていましたが、同時にスピーチの名手でもありました。

もちろん角栄も最初からスピーチの名手であったわけではありません。初めて衆議院選挙に出馬した頃には演説もたどたどしく、ヤジが飛ぶとすぐに立ち往生してしまうところがあったと言いますが、数をこなすうちに現実を教える数字を連射したかと思うと、情を交えたたとえ話を入れ、聴衆一人ひとりに語り掛けるようなスタイルを確立していきます。

ある時、当選1回目の自民党議員が角栄を招いて話をしてもらった際、角栄は「政治家の資質は、50人の前でしか話ができない人、500人の前でしか話ができない人、1000人の前でしか話ができない人、という具合に分けられる。しかし、5000人の前で話をし、私語をさせないでピタッと聞かせることができるのはそうはいない。いまのところ、中曽根康弘と田中角栄くらいなもんだな。きみらも、そうなれるように頑張れ」と励ましています。政治家にとって話す力は欠くことのできない能力でした。

ポイント

自分のアイデアを伝えたければ「話す力」を磨きぬけ。

72

Kakuei Tanaka Quotes

部下の立場を
優先すべき時もある。

君たちは遠慮なく
おれの悪口を言え。
そして当選してこい。

『宰相田中角栄の真実』、124頁

企業などで問題が起きた時、部下たちが徹底してトップを守るために言うべきことを言わず、とにかくトップに責任が及ばないように懸命の努力をすることがあります。これではトップは守られたとしても、部下たちが何人も犠牲になるしかありません。

ロッキード事件が問題化したのは1976年2月のことです。田中角栄は関与を否定しますが、同年7月27日、外為法違反容疑で逮捕され、受託収賄罪と外為法違反で起訴されます。被告人となった角栄は同年8月17日、保釈金2億円で東京拘置所から仮釈放されますが、その日、田中派の国会議員100人以上が目白の自宅に集結します。

秘書の早坂茂三《はやさかしげぞう》によると、角栄は同志たちを前に裁判で徹底的に闘うことを宣言したあと、「選挙は近いだろう。君たちは遠慮なくおれの悪口を言え。そして当選してこい。選挙の金は用意してある。安心して闘え」と檄《げき》を飛ばします。政治家にとって選挙は命がけの戦いです。当然、対立候補は「親分・角栄」のことを批判するだけに、その時、どう応じるかは票を左右します。角栄は「遠慮なくおれの悪口を言え」と送り出すことで若い議員たちが安心して闘えるようにしたのです。

ポイント

自分の保身より、部下の保身を考えろ。

73

Kakuei Tanaka Quotes

行動して、仕事をすれば、
評判は自然についてくる。

朝刊を読んで、
初めて行動する者もおるが、
そんなのは
本当の政治家じゃない。

『闘争!角栄学校』中、375頁

最近の政治家による議会での追及を見ていると新聞や週刊誌が報道したことをもとに『週刊○○』にはこう書いてあるが本当か？」的な質問が少なくありません。その質問の中に独自の情報や独自の調査結果が入っているならともかく、単なる記事の後追いでは質問に迫力も生まれないし、答える側ものんきに構えることができます。

田中角栄は早起きで、朝起きると主要な新聞にはすべて目を通すのを習慣にしていましたが、新聞を読んで、「こりゃあ大変だ」と動き出すことはありませんでした。角栄によると、政治家には「新聞を読んでから行動を起こすタイプと、黙ってどんどん飛んで歩くと、新聞がついて歩くタイプ」の2通りあり、角栄は紛れもない後者でした。若い政治家にも「マスコミに取り上げてもらおうと、おべんちゃらを言っているようではだめだ。政治家は、行動しなければいけない。行動して、仕事をすれば、マスコミは自然についてくる。政治家のなかには、朝刊を読んで、初めて行動する者もおるが、そんなのは本当の政治家じゃない」と檄《げき》を飛ばしていました。行動して結果を出す。そうすればマスコミは勝手に取り上げてくれるというのが角栄の流儀でした。

ポイント　動かされるのではなく、自ら先に動く人になれ。

74

Kakuei Tanaka Quotes

部下の失態は雇った
人間が恥をかくことになる。

お前は困らなくても
オレが困る。
角栄はいつから、
あのバカを雇ったんだと
なるんだよ。

『田中角栄　頂点をきわめた男の物語』、19頁

早坂茂三は田中角栄の秘書として名を馳《は》せた人ですが、それ以前は東京タイムズの政治部記者として活躍しています。自民党記者クラブに配属され、1960年に初めて角栄と出会います。あるスクープ記事がきっかけとなり、角栄の秘書になりますが、着任初日に言われたのが「おじぎをしてみろ」です。早坂がおじぎをすると、角栄は「それは会釈だ。おじぎはこうやるんだ」と言うなり、椅子から立ち上がって腰を直角に折り曲げるおじぎをしてみせます。さらに「世間の人がなぜ新聞記者におじぎをするのか」を説き、下手なおじぎをされたら、「角栄はいつから、あのバカをやとったんだとなるんだよ」とオレが困ることになると付け加えます。

早坂によると、他の政治家なら、秘書に「君、しっかりやってくれ」と言って終わるところですが、それでは「何をしっかりやれ」かが分からないのに対し、角栄はおじぎの仕方をはじめ、運転手や下足番へのチップの渡し方なども細かく教えたと言います。「しっかりやれ」「ちゃんとやれ」では、何が「しっかり」で、何が「ちゃんと」か分かりません。角栄は最初にやるべきことを教えることで秘書も自分も困らないようにしていたのです。

ポイント **「しっかりやれ」「ちゃんとやれ」ではなく、教えるべきことはきちんと教える。**

75

Kakuei Tanaka Quotes

批判をする人は大勢いるが
代案が出なければ意味がない。

君たちもいい知恵を出せよ。

『宰相田中角栄の真実』、166頁

勝負に勝つためには自分が力をつけて勝つのが一番ですが、時には相手がミスをして、敵失で勝利が転がり込むこともあります。「敵失」という点では、政治の世界では、たとえば政権与党の閣僚などが失言をした際には野党は一気に責め立てることで自らの存在感を際立たせようとするのが常とう手段です。自力ではなく、他力によって勝利を目指すやり方ですが、こうした考え方を田中角栄はこう批判していました。

「選挙というものは、今どこに問題があるのか、国民の前に処方箋を明らかにしなければいけないんです。ところがねぇ、今朝テレビを見たら、野党の諸君は『自民党の過半数を割らすことが目標だ』という。何をぬかすかっ。ただ割らすんなら、これは相撲と同じです。日本の政治でしょ。他人の馬が転んで、それを喜んでいるようじゃいかん」

「批判のための批判」という言い方があります。角栄は政治家に限らず、こうした批判はするけれども、代案が出てこない人間に対して、「君たちもいい知恵を出せよ」と言うのが口癖でした。いくら批判をしても問題が解決しなければ国民の生活は良くなりません。政治は現実であり、問題の処方箋を明らかにするのが大切というのが角栄の考え方でした。

ポイント **批判はしていい。しかし、常に代案を用意しろ。**

第５章
経済力

お金のつくり方と使い方

中卒でたたき上げの政治家だった田中角栄には、学閥・官僚閥からの安定した資金は期待できないため、自前でお金をつくるしかなかったという厳しさがありました。そのため時に「刑務所の塀の上を歩いているようなもの」と言われるような危うさもありましたが、一方で官僚や大企業に縛られない「自前の金」を持つことが、前例のない政策遂行を可能にしてもいます。そしてお金の使い方は独特で「人の心をつかむお金の使い方」に長けてもいました。今のリーダーにはかつてのようなお金の使い方は望めませんが、「お金の稼ぎ方と上手な使い方」は知っておくに値するのではないでしょうか。

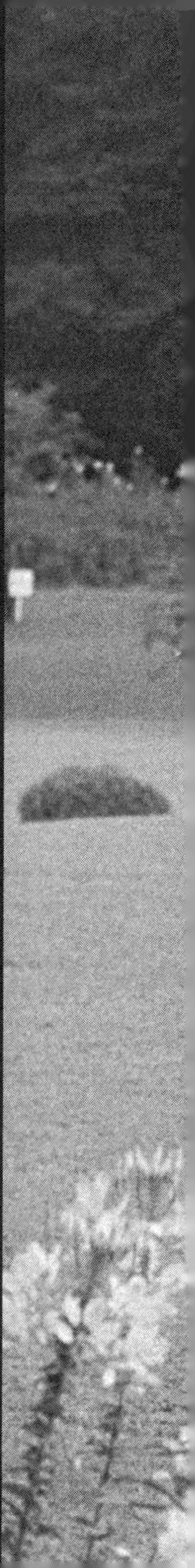

76

Kakuei Tanaka Quotes

時にやるべき博打もある。

俺は政治と
心中してもいいんだこて。
新潟の雪の中から、
這い出してやらんば、
死んでも死にきれん。

『異形の将軍』上、209頁

田中角栄が政治のズブの素人にもかかわらず、戦後初の衆議院選挙への出馬を持ちかけられたのは、その豊富な資金力が魅力だったからです。戦後間もない頃、進歩党の旗揚げにあたって誰が総裁になるかを決める時、条件として挙げられたのは2人の総裁候補のうち先に300万円の選挙資金をつくった方がなる、というものでした。角栄はこの時、多額の献金を行っており、その半月後に進歩党からの出馬を要請されたことからも、当時の角栄がいかに豊富な資金を持っていたかが分かります。

そんな角栄ですが、獄中から立候補した3度目の選挙では資金難に苦しんでいます。炭鉱国管疑獄への批判に加え、田中土建の経営が急速に傾き、田中土建の常務だった入内島《いりうちじま》金一《きんいち》は「金は30万円しかない。選挙は勝つかもしれんが、30万円を使うと田中土建はどうしようもなくなる」という悩みを口にしています。

政治家を続けるか、事業を続けるかの岐路に立った角栄は「俺は政治と心中してもいいんだこて。新潟の雪の中から、這《は》い出してやらんば、死んでも死にきれん」と出馬を決意します。角栄には会社やお金よりも政治家としてやるべきことがあったのです。

ポイント　**岐路に立った時には「何を優先するか」が問われることになる。**

77

Kakuei Tanaka Quotes

成功の証しを
手に入れる。

**自分の力で稼いで
つくった家に住んで、
なぜ悪いのか。**

『異形の将軍』下、206頁

田中角栄の権力を象徴するもののひとつが「目白御殿」と呼ばれた自宅です。角栄が敷地内の池の鯉（新潟県・小千谷の錦鯉）にエサをやる様子はマスコミでも報じられ、その自宅の広大さ、豪華さは角栄の権力と同時に金力も印象付けることになりました。たしかに角栄が1993年に亡くなった際の遺産は約200億円ですが、主なものは目白御殿と、越後交通などファミリー企業の株でした。

角栄自身、目白御殿のことを「日本のことはすべてここで決まるんだ」と言っていたようですが、土地の広大さや地価の高さに関する批判に対しては、「自分の力でかせいでつくった家に住んで、なぜ悪いのか」と不満を口にしていました。角栄がこの土地を初めて買ったのは代議士となってから6年目の1953年です。日本石油の社宅490坪を購入後、周辺の土地を少しずつ買い増すことで広大な敷地となります。角栄は最初の価格を「坪9000円」と話していますし、まだ大臣にもなっていませんから、自宅に対する金権批判は当たらないということでしょう。それ以前、「掘っ立て小屋みたい」と言われていた家に暮らしていた角栄にとって目白御殿は権力の象徴というより成功の証しだったのでしょう。

ポイント　**人は豪華すぎるものには時に嫉妬し、批判すると心得よ。**

78

Kakuei Tanaka Quotes

金には功罪がある。

オレはカネで大臣になった。

『ザ・越山会』、140頁

田中角栄が初の入閣を果たしたのは１９５７年、岸信介内閣の郵政大臣に指名された時です。当時、39歳で「30代で大臣になる」という公約を実現します。念願の大臣就任に関しては、大臣の座にはそれほど執着しなかったという話がある一方、ある越山会会員によると、岸内閣の改造に際して、角栄は「岸にいくら銭を持ってったらいいかな」と相談、「３００万円でどうだ」と決まり、リュックに札を詰めて行ったという話もあります。別の越山会会員には角栄が地元で「オレはカネで大臣になった」と話しているのを聞き、「あの性格だし、時代もそうだったのかなあ」と振り返っています。

何がどこまで本当かは分かりませんが、角栄のお金の集め方について早くから危惧していたのが、角栄の才能を認めていた吉田茂です。「あの男は刑務所の塀の上を歩いているようなものだ。ひとつ違えば内側へ落ちてしまうぞ」と不安視していたこともあるようです。とはいえ、どれだけお金を集めることができるかが政界での実力を測る尺度でもあった時代、角栄には間違いなくお金を集める力があり、お金は力の源泉でもあり、同時に危うさも併せ持つものでした。

ポイント

お金を生むことは力にもなり、一方に危うさもある。

79

Kakuei Tanaka Quotes

借りた金は忘れるな、
貸した金は忘れろ。

**金を貸す時は、
返ってこなくてもよい
という気持ちで
一言も言わずに貸す。**

『私の履歴書　保守政権の担い手』、346頁

田中角栄が生まれた村のほとんどは農家ですが、角栄の家は農業が本業ではなく、祖父の捨吉が宮大工、父の角次が牛馬商という珍しい家でした。父の夢は北海道に大牧場を持つことであり、牛馬商のかたわら養鯉業《ようりぎょう》なども営んでいました。しかし、山っ気の強い性格で、やがて2、3頭の馬を持って地方競馬を回るようになりますが、当然、勝つこともあれば、負けることもあります。旅先でお金に窮すると、「カネオクレ」という電報が届きますが、もちろん当時の田中家に余分なお金などあるはずもありませんでした。

頼る先は父の従兄弟で、その娘を将来角栄の嫁にもらうという話さえあった材木屋の近藤家しかありませんでした。母親に言われて小学6年の角栄がお金を借りに行きますが、それはつらいことでもあり、角栄は「俺は将来、絶対人に金は借らねぇ」と心に誓うようになります。それは母親も同様で、村でお金を借りている人の家の前を通る時、いつも黙って手を合わせ、おじぎをしていたと言います。こうした経験を経て培われたのが角栄の「私は、ひとにカネを貸してくれと頼まれたとき、できないと思ったらキッパリ断る。貸すときは、返ってこなくてもよいという気持ちで一言も言わずに貸す」という考え方です。

ポイント

お金にだらしない人間が信用されることはないと心得よ。

80

Kakuei Tanaka Quotes

お金は相手の期待を超えてこそ
効果を発揮する。

**人に金を与える時、
このくらいだろうと
相手が予想しているより
多い額を渡せ。**

『異形の将軍』下、180頁

田中角栄の「気前の良さ」はよく知られるところです。ある官僚が海外出張を命じられた時には、秘書が「田中からの餞別《せんべつ》です。遠慮なく使ってください」と言って当時としては破格の20万円もの餞別を手渡しています。また、敵対する福田派の代議士が入院した際には、五度も見舞いに訪れ、毎回、福田赳夫よりもはるかに多くの見舞金を渡しています。角栄にはお金に関してひとつの信念がありました。こう話しています。

「人に金を与えるとき、このくらいだろうと相手が予想しているより多い額を渡さなければならない。すくなく渡せば死に金になるよりもマイナスの効果になる」

こうしたお金の使い方は政治家になる前からでした。角栄は19歳で共栄建築事務所を開設します。ある時、理化学研究所関係の仕事で1600円もの設計料を手にしますが、この仕事を手伝ってくれた人に最初の約束だった設計料の倍の、100円を手渡します。この額は月給の倍近い大金であり、当然のように大喜びします。お金を渡す時には相手が予想している以上のお金を渡す。予想より少なければ相手は失望し、予想通りなら「こんなものか」で終わってしまいます。予想を上回る金額を渡してこそ相手の感謝を受けることができるのです。

ポイント

お金を使うなら死に金にせず、最大限に生かしきれ。

81

Kakuei Tanaka Quotes

お金は上手に渡して、
気持ちよく受け取ってもらえ。

金はもらうときより、
渡すときのほうに
気をつけろよ。

『闘争!角栄学校』上、215頁

田中角栄は山っ気の強い父親のために子ども時代につらい経験をしたため、お金を借りることを好まず、お金を貸したり渡す時にも「金は貰《もら》う時より、渡す時の方に気を付けろよ。相手に負担のかかるような渡し方をしちゃ、死に金になる。だから、金をくれてやるというような態度で渡してはいけない」と細心の心配りを心がけていました。

ある夜、角栄の秘書・佐藤昭子のもとにある政治家が、資金援助を求めてきます。佐藤は角栄の了解を得ることなく早朝、使いの人間にお金を渡しますが、その際、「このお金は、お返しいただかなくても結構ですよ。どうぞ、がんばって当選してきてください」と言い添えています。それは田中派の政治家に対しても同様でした。長野県出身で参院全国区の現職が選挙終盤に資金が枯渇し、同じ長野県の羽田孜に相談します。その政治家は田中派ではありませんでしたが、羽田が角栄に相談すると、角栄は「この金は田中からの金だなんて一切言わんでいいから、お前がつくってきた金だと言って渡せ」と羽田に資金を手渡しています。お金を渡す時には、「くれてやる」もダメなら、恩着せがましさや皮肉も相手の心を萎縮させます。お金は上手に渡して、気持ちよく受け取ってもらうのが角栄の心配りでした。

ポイント

人に何かをしてあげるなら相手の心に余計な負担をかけるな。

82

Kakuei Tanaka Quotes

家族を含めて心をつかめ。

一つは奥さん用だ。
持って帰ってくれ。

『田中角栄の3分間スピーチ』、176頁

夫婦共働きがごく当たり前のものになった今では、夫が外で働き、妻が家を守ると言われてもピンと来ない人が多いかと思いますが、田中角栄が政治の舞台で活躍していた時代、夫が昼間は仕事、夜は宴会などで遅くなり、妻は起きてその帰りを待つというのはよくあることでした。酔っぱらって帰ってくる夫の面倒を見るのはなかなかに大変で、「今日は遅くなる」と言われた妻はゲンナリして待つことになっていました。

田中角栄は1957年、39歳の若さで郵政大臣に就任します。初入閣です。就任後間もなく角栄は赤坂の料亭で郵政省記者クラブとの懇親会を開きますが、宴会が終わり、記者たちが料亭の玄関口に向かうと、記者1人につき二つずつ土産の包みが渡されます。土産ひとつというのはよくあることでも、二つはとても珍しく、1人の記者が「なぜ二つなのか」と角栄に聞いたところ、角栄の答えは「一つは奥さん用だ。持って帰ってくれ」というものでした。酔っぱらって帰ってくる夫が宴席で出た折を持って帰ることはあっても、わざわざ「奥さん用」に用意されたお土産を持って帰ることなどありません。角栄の心配りは記者だけでなく、その家族の心をつかむことになったのです。

ポイント 人には家族や支えてくれる人がいることを忘れるな。

83

Kakuei Tanaka Quotes

構想はその予算とセットに。

財源つくる時に動かんで、
「あの橋直せ」と言っても
役人は聞かん。

『ザ・越山会』、137頁

田中角栄のもとに多くの人が陳情に出かけたのは決断の速さと、「できる」と言ったら絶対にやる実行力にありました。とはいえ、決して豊かではなかった日本でいくら「道路だ、橋だ、トンネルだ」と言っても実現するための財源を確保するのは大変です。角栄が政治家として大きな実力を持つことができたのは1950年代に議員立法によって成立させた「道路三法」などによって日本の道路整備の骨格をつくるとともに、道路を整備するための財源の確保を可能にしたからです。

こうした角栄のやり方や考え方について、新潟三区の村長の1人が「道路三法をでかして、田中は建設官僚に仕事がやれる条件をつくってやった。財源つくる時に動かんで、『あの橋直せ』と言っても役人は聞かん。田中の役人の動かし方は天才的だ」と評していますが、角栄は単に「あれをやれ、これをやれ」と要求するだけでなく、「やる」ための財源づくりまでやる政治家でした。結果、角栄は建設行政の「恩人」となり、建設省が関わる陳情はほとんど電話一本でこなすほどの力をつけることになりますが、それができたのは角栄流の「ギブ・アンド・テイク」の賜物《たまもの》でした。

ポイント　**一方的に要求するだけでなく、ギブ・アンド・テイクの姿勢を。**

84

Kakuei Tanaka Quotes

評判を得るには
末端にまで気を配れ。

常に噂が広まることを
頭に置きながら行動しなきゃ、
この世の中だめなんだよ。

『異形の将軍』下、152頁

田中角栄は政治家として力をつけていく過程で大きなお金を手にし、集めたお金を政治家や官僚に上手に配分することでさらに力をつけていきますが、対象は力を持つ相手だけではありませんでした。角栄は料亭の下足番や運転手にも頭を下げ、過分の心づけを渡していました。それはエリート官僚出身の政治家には理解しづらいことだったようで、大蔵省出身の福田赳夫は「僕が呼ばれた赤坂の料亭『中川』かなんかで帰りがけに、ちょっと見ているとね、下足番にね。まあ、チップなんだろうな。私なんかは出したことがないが、彼はそこまで気を使う」と振り返っています。

ハイヤーの運転手にも「どうも遅くまですまないね。これは失礼だけど、僕の気持ちだからね」と腰を深くかがめ、挨拶をしながら渡したと言います。なぜそこまで徹底するのでしょうか。親しくなった記者に「内証だけど、常にそういったこと（彼らの噂が世間に広まること）を頭に置きながら行動しなきゃ、この世の中だめなんだよ」と理由を打ち明けています。彼らの間で噂が広まり、やがて世間に広まることをよく知っていました。たしかにこれほどの気配りをする人には時に幸運も訪れるのでしょう。

ポイント　誰にでも分け隔てなく挨拶し感謝しろ。

85

Kakuei Tanaka Quotes

いつも自然体で。

選挙のときは、
にぎりめしが一番だ。
それと、水筒にお茶が
入っていればいい。

『田中角栄　頂点をきわめた男の物語』、221頁

大物政治家ともなると、連日連夜、高級料亭や高級店で「打ち合わせ」と称して食事をする傾向があります。田中角栄も大臣時代には、ほぼ毎晩、3つの宴席をこなしていたと言います。秘書ができるだけ近くの料亭を3軒まとめて予約して、それぞれどんなに長くても1時間ほど話をして、時間がくるとさっと切り上げて、オーバーすることはほとんどなかったといいます。明るくにぎやかな宴席だったそうです。

1日に三度も行くとは、よほどの高級料亭好きかと思われがちですが、秘書の早坂茂三によると、高級料亭の食べ物はあまり好きではなく、帰宅すると奥さん手製のしょっぱい炒飯を一皿食べてから寝ていました。ある日、早坂が高級料亭の値段の高さについて「あれは強盗みたいなもんです」と言うと、角栄も「そうだ。あれは許せん」と応じます。

そんな角栄だけに、選挙になると塩じゃけを皮と骨のついたまま一切れ入れたしょっぱいおにぎりが決まりでした。高級なものが嫌いというわけではありませんが、質素にして合理的。ウナギや天ぷら、すき焼きは好んでも、ステーキやキャビアは好まず、高級料亭ではほとんど料理に箸をつけず、ただし、明るく賑やかにというのが角栄でした。

ポイント　見栄を張らず、「自分らしさ」を大切にする。

86

Kakuei Tanaka Quotes

お金は他力に頼らず
自力に頼れ。

財界の紐つきになるのは
嫌だよ。

『闘争!角栄学校』中、44頁

政治の世界での成功には「ジバン（地盤）、カンバン（看板）、カバン（鞄＝資金）」の「3バン」が欠かせないというのは古くから言われてきたことですが、その際、大いに力を発揮するのが学閥や閨閥《けいばつ》です。一方、田中角栄は学閥も閨閥もなかっただけに、頼りになるのは自分が稼いだお金と、自力で築き上げた人脈だけでした。特に資金に関しては「ひねれば出る立派な水脈は俺にはない」という思いが強くありました。

では、立派な水脈を持たない角栄が、どうやって莫大《ばくだい》な資金をつくったかというと、株の売買や土地の売買など主に自力での資金づくりです。議員の中には「あまりやりすぎるなよ」と忠告する人もいましたが、角栄は「オレは財界の紐《ひも》つきになるのは嫌だよ」と企業献金よりも自前での資金づくりを優先させていました。企業からの献金はありがたいものの、度が過ぎると自分の主張は通りにくくなります。そのため、金権批判に対しても「俺は法律に触れるような悪いことはしていないよ。いずれ収まる」と自信を持っていたものの、いったんついた「金権政治家」のイメージを覆すのは難しく、そのことが総理退陣、そしてロッキード裁判での長い闘いへとつながっていくことになったのです。

ポイント　お金は必要だが、お金に縛られないように気をつけろ。

87

Kakuei Tanaka Quotes

お金は誰の
ために使うのか。

私たちは利権屋と
グルになって、
腐りきった根性で
政治をやっていない。

『異形の将軍』下、213頁

田中角栄が田中派という巨大派閥を形成し、また大臣時代から多くの官僚に太いパイプを築くことができたのは、金とポストという武器を持っていたからだと言われています。当然、そのためには多くのお金が必要になり、それがのちの金権批判にもつながっていくわけですが、角栄は政治資金の巨額さ、不透明さを問われると、こう一喝していました。

「私たちは利権屋とグルになって、腐りきった根性で政治をやっていない。日本を愛すればこそ、骨身を削り働いているのだ」

角栄は周囲から税金に関しては「プロ中のプロ」と言われ、受け取る金を銀行に振り込ませず、現金で入手し、領収書を渡さない「キャッシュ・オン・デリバリー」を守っていたと言います。さらに角栄にとってお金はストックではなくフローであり、目の前を通り過ぎていくものでもあったとも言われています。こうしたやり方が今の時代に認められるかどうかはともかく、角栄は手にしたお金を自分のために貯めこむのではなく、日本を良くするために惜しみなく使う、という意識だったのでしょう。政治資金は自分の事業で稼ぎ、その金を国のために使っているというのが角栄の主張でした。

ポイント **お金で足をすくわれるな。**

第６章
耐える力

難局や逆境での
耐える力と乗り越える力

田中角栄は幼い頃は雪国での貧しい生活に耐え、政治家になったばかりの頃は獄中から立候補するという経験をして、ロッキード事件以降はマスコミからの厳しい批判と、被告人の座を経験しています。しかし、そんな時も「自分を批判するマスコミの記者も日本国民」と言うだけの余裕は持っていました。リーダーに限らずビジネスパーソンの人生はいつも順調であることはなく、時に難局に襲われ、逆境に陥ることもあるはずですが、そんな時、どんな心構えで臨めばいいのかを田中角栄の生き方は教えてくれます。

88

Kakuei Tanaka Quotes

逆境の時にこそ
器が試される。

一度や二度は
監獄に入らんば男じゃねえ。

『異形の将軍』上、222頁

第2次吉田内閣で1年生議員ながら法務政務次官に抜擢《ばってき》されたことで田中角栄の選挙区は大いに活気づきますが、１９５８年11月、炭鉱業者から石炭を国家管理のもとに置こうという臨時石炭鉱業管理法の反対運動資金１００万円をもらった容疑で田中土建本社が家宅捜索されます。４日後に次官を辞任、12月13日に拘置所に収監されます。

ところが、10日後に衆議院が解散になり、角栄はすぐに保釈の手続きを進め、拘置所からの立候補を決意します。支援者に「ギカイ　カイサンス　タノム　タナカ　カクエイ」という電報を打ちます。幸い民主自由党の公認も得て、1月13日に保釈されたものの、投票まであと10日しかありませんでした。角栄は保釈中の被告人という何とも不利な状態ながら雪の中を必死になって運動して回り、2位で当選します。

収賄容疑は一審で有罪ですが、二審で無罪を勝ち取ります。以来、角栄は「一度や二度は監獄に入らんば男じゃねえ」と言うようになりますが、「太っ腹というか、バイタリティーの塊みたいだった」と猪俣浩三（元衆議院議員）が評した角栄の魅力は逆境にあってなお諦めることなく戦い、勝ち抜いたという経験が支えとなっていたようです。

ポイント

圧倒的に不利な状況に置かれても、戦う気持ちは忘れるな。

89

Kakuei Tanaka Quotes

下積みの時代があってこそ
大きな仕事ができる。

**末ついに
海になるべき山水も、
しばし木の葉の下を
くぐるなり。**

『入門田中角栄』、202頁

「末ついにやがて海となるべき山水もしばし木の葉の下をくぐるなり」は、田中角栄が色紙に好んで書いていた言葉です。政調会長や大蔵大臣の時によく書いていたと言いますが、郵政大臣に就任した際にも新潟日報のインタビューで自らの人生観としてこの言葉を使っています。こんな話をしています。

「20代は、末ついに海となるべき山水も、しばし木の葉の下をくぐるなり。30代は、岩もあり、木の根もあれどさらさらとただささらさらと水の流れる。さて40代はどうなるか。まあ、人生は死ぬ前の10年間ぐらいはうんと楽しみたいものだと思ってますよ」

この言葉の意味は、「やがて大海原（大きな仕事）に流れ着く山水（人）も、しばらくの間は人の目に触れない木の葉の下（下積み時代）をひっそりと流れることになる」というもの。角栄は貧しい子ども時代を送り、10代から20代にかけて事業で成功し、政界へと進出します。途中、獄に入ることもありましたが、39歳の若さで史上最年少の大臣（郵政大臣）に就任します。高等小学校しか行くことのできなかった角栄にとって、大臣への道はまさに「木の葉の下をくぐる」ようなものだったのでしょう。

ポイント　人はいきなり成功できるわけではない、下積みの時代を大切に生きよう。

90

Kakuei Tanaka Quotes

悪口を言われている間は
仕事をしているということ。

**マスコミ人も
日本国民の一人だ。
おれの悪口を書いて
食していけるなら、
結構なことではないか。**

『宰相田中角栄の真実』、34頁

総理大臣・田中角栄の前半は凄《すさ》まじい人気と称賛の中にありましたが、後半は『文藝春秋』の「田中角栄研究」が田中金脈問題を掲載したこともきっかけとなって激しい批判を浴びています。『日本列島改造論』がもたらしたインフレやオイルショックも田中内閣の支持率を大きく低下させています。批判の声に対して角栄はこんな感想を口にします。

「カラスの鳴かない日はあっても、田中の悪口がかかれない日はないな」

本来、角栄は「政治家の評価は後世の人がするんだ。今悪口を言われても結構。悪口を言われている間は仕事をしてることなんだ」と悪口も前向きに捉えるタイプでしたが、

それでも角栄を支える側からすると、連日の角栄批判はたまったものではありません。連日の批判は確実に国民の角栄や田中内閣を見る目を変えていきます。秘書の佐藤昭子の「そばにいるわれわれはいい迷惑です」という感想を聞くと、それでも角栄は「マスコミ人も日本国民の一人だ、俺の悪口を書いて食していけるなら、それもまあ、結構なことではないか。それでまかり通るんなら、日本は平和な国だよ」と笑い飛ばしてみせます。

ポイント

信念があるなら逆境にあっても笑う余裕を持て。

91

Kakuei Tanaka Quotes

支持率が5%でも1%でも
やるべきことはやる。

俺を総理にまで
押しあげてきた世論が、
今度は
押しつぶしにかかっている。

『異形の将軍』上、11頁

政治家に限らず世の中の評価というのは実に移ろいやすいものです。アスリートなども国際大会やオリンピックで素晴らしい成績を上げて一躍スターダムに押し上げたかと思うと、ちょっとでも不振が続くと「天狗《てんぐ》になっている」「スター気取り」などと叩かれます。世論やマスコミは目一杯《いっぱい》持ち上げたかと思うと、あっという間に叩き落とすことがあります。

1972年7月、総理大臣に就任した田中角栄の人気は絶大なものでした。学歴はないが、実力で頂点にまで上り詰めた庶民派宰相をマスコミは「今太閤」とはやし立てます。内閣支持率も当時の朝日新聞の調査では62％と極めて高い数字を記録します。総理就任直後に反対者も多い中、日中国交正常化を成し遂げることができたのも、こうした高い支持率があってのことでした。

しかし、高かった支持率も金脈批判などで急落、就任1年目には20％台にまで低下します。記者から支持率について聞かれた田中は「支持率が5％でも1％でもやるべきことはやる」と答えますが、1974年12月、角栄は総理を辞職。のちに「俺を総理にまで押しあげてきた世論が、今度は押しつぶしにかかっている」という言葉を口にしています。

ポイント

人気や評判は一夜にして崩れることがあると心しよう。

92

Kakuei Tanaka Quotes

やめどきを間違わない。

日本列島改造は
君の言うとおりにするよ。
これからは自分は
経済問題には
口を出さない。

『私の履歴書　保守政権の担い手』、192頁

企業において新しいことを始めるのは勇気のいることですが、それ以上に難しいのがやめるという決断です。かつて大成功した製品を中止する、創業者所縁の事業をやめる、トップの肝いりの事業など、たとえ「もうダメだ」と分かっていながら、つい続けてしまうのはよくあることです。1972年に内閣総理大臣となった田中角栄は、高い支持率を背景に日本列島改造を掲げ、華々しいスタートを切りますが、翌73年に入ると、インフレに国際収支の赤字、さらには石油ショックが重なり、日本経済が悪化します。

11月には頼みの愛知揆一《あいちきいち》大蔵大臣が亡くなり、角栄は福田赳夫に助けを求めます。福田が景気悪化の理由を聞くと、角栄は「石油ショックだ」と答えますが、福田は日本列島改造をきっかけに物価が上昇、国際収支も赤字になったと指摘、日本列島改造の看板を下ろすよう進言します。角栄は「わしの一枚看板で下すのは難しい」と難色を示しますが、一晩考えたうえで、「日本列島改造は君の言うとおりにするよ」と決断します。大蔵大臣となった福田は「日本経済は全治3年の重症」と宣言、公共事業に大ナタを振るい、経済の正常化に邁進《まいしん》します。勇気ある決断でしたが、角栄はストレスから顔面神経痛となります。

ポイント

始めるのも難しいが、やめるのはさらに難しい。撤退の勇気を持て。

93

Kakuei Tanaka Quotes

リーダーというのは
孤独なもの。

**総理大臣ちゅうのを
やると、キツいんだよ。**

『異形の将軍』下、295頁

リーダーというのは孤独なものです。ましてや一国の総理ともなると圧倒的な権力の一方で孤独も味わうことになります。総理大臣時代、角栄はしばしば「俺のような心理を、歴代のどの総理も味わい、体験したのだろうかと思った」と語っています。

総理の苦しみは総理を経験した者にしか分かりません。角栄が金脈追及で苦境に立っていた時、前総理の佐藤栄作は「総理大臣というのは孤独なもんだよ。僕はかつて言ったことがあるが、今の君にはよく分かるはずだ」と説いたと言います。それから半年余りのち、佐藤が病に倒れた時、見舞いに駆け付けた角栄は大きな声で「総理大臣ちゅうのをやると、キツいんだよ。こうなっちゃうんだよ」と言うと、医師や看護師に「オヤジさんを助けるには君たちしかいないんだ。頼むよ、頼むよ」と一人ひとり握手をして回ります。人情味にあふれた角栄らしいものでした。

角栄は総理大臣を目指し、その座を勝ち取っていますが、歴代の総理大臣同様に「リーダーの孤独」を嫌というほど経験します。リーダーとは孤独な存在ですが、リーダーにしかできないことがある以上、リーダーを目指す人間には、その覚悟も求められるのです。

ポイント

リーダーは孤独なもの。孤独に耐える覚悟を持て。

94

Kakuei Tanaka Quotes

ストレス発散も
手を抜かない。

ゴルフの本を
三貫目ばかり買ってこい。

『田中角栄　頂点をきわめた男の物語』、236頁

忙しい日々を送っていると誰でも疲れるし、ストレスがたまるものです。そんな時にはストレス発散の趣味が一番ですが、田中角栄にとってのそれはゴルフでした。

若い頃にはもちろん、ゴルフを楽しむ余裕などありませんでした。10代の頃は働きながら夜学に通い、そのあとは朝早くから夜遅くまで働いていましたから、そんな時間もありませんでしたし、少し余裕が出てからも「あんな貴族がするようなもの俺の性に合わない」とやろうとはしませんでした。

始めたのは自民党の幹事長になった1956年頃のことです。「やるか」と決めた角栄は秘書の早坂茂三に「ゴルフの本を三貫目ばかり買ってこい」に指示、角栄は3か月の間、ゴルフに関するあらゆる本を読み続け、すべて読み終えると、今度は3か月間、プロの指導の下、連日、数百発のボールを打ち続けます。半年後、初めてコースに出た角栄は1ラウンドを105で回り、1年後にはハンディ18となったのです。何事も、やるとなったら徹底的にやるのが角栄流でした。以来、「ゴルフをやると体中のガスが抜ける」とゴルフを真剣に楽しむようになります。

ポイント

ストレス発散には良き趣味を持て。

95

Kakuei Tanaka Quotes

酒に溺れるな。

国会が終わると、
アルコールで
血管を広げるんですよ。

『入門田中角栄』、67頁

内閣総理大臣となった田中角栄の船出はとても順調なものでした。しかし、就任から1年余りが過ぎた1973年11月に石油ショックが起こり、「狂乱物価」と言われた物価上昇により日本列島改造の看板を下ろさなければならなくなったことがきっかけになったのか、顔面神経痛に襲われています。翌年には参議院選挙で自民党が惨敗、参院選の心労と無理がたたったのか、角栄の体力も著しく低下します。

『私の田中角栄日記』によると、角栄は休養のために秘書官たちとゴルフに出かけますが、ゴルフ場のアップダウンがつらく、キャディさんに手を引かれ、秘書に尻を押されて、ようやく歩くような状態だったと言います。角栄は疲労を忘れるため、オールド・パーの水割りをあおることも多かったと言いますが、過度の飲酒が身体にいいはずもありません。角栄は「一杯飲まなきゃ、血圧がおさまらない。アルコールで一時的に血管を広げる。やむを得ぬ応急処置です」と理由を述べていますが、最終的に内閣総辞職に追い込まれます。角栄は人情家で、気が弱いところがあったと言いますが、狂乱物価や金権スキャンダルは角栄の体力と気力を確実に奪っていくことになりました。

ポイント　過度のストレスは体力と気力を奪うだけに注意が肝心だ。

96

Kakuei Tanaka Quotes

逆境に陥ったら、
初心に帰ってやるべきことをやる。

演説の反応や聴衆の数、
握手した人数、
一か所ずつ記してんだ。

『入門田中角栄』、244頁

田中角栄は二度目に挑戦した衆議院選挙で当選して以降、常に選挙区では安定した戦いをしてきましたが、1976年7月の東京地検特捜部による逮捕から4か月余りのちに迎えた衆議院選挙は、さすがに危機感を覚えています。同年8月に保釈金2億円で拘置所を出たものの、田中派の議員は減り始めており、ロッキード事件以降の新潟県知事との確執もあり、決して盤石とは言えませんでした。

前回の選挙が総理大臣だったのに対し、この時の選挙は刑事被告人だけに、角栄は徹底した辻説法を展開します。公示4日目から連日、多い日は50か所、工程も200キロに及んだと言われる辻説法で、角栄は初冬の山間《やまあい》の集落にまで足を延ばし、ミカン箱大の演壇で支持者に語り掛けます。さらに角栄は「演説の反応や聴衆の数、握手した人数、一か所ずつ」ノートにびっしりと書き込みながら票読みをします。結果、角栄は2位に11万4000票の差をつける16万8000票で見事に当選、地元での圧倒的な強さを見せつけます。総理大臣にまでなった男が、初心に帰って、新人議員がやるようなことをやる。「角栄はすごい男だ」が、それを見た人たちの感想でした。

ポイント

危機の時にこそ初心に立ち返れ。

97

Kakuei Tanaka Quotes

駆け引き以上に
守るべきものがある。

日本国総理大臣の
尊厳のためにも、
俺は戦わなければ
ならないんだ。

『決定版　私の田中角栄日記』、181頁

1987年7月29日、ロッキード裁判丸紅ルート控訴審の判決が東京高裁で下された判決内容は「控訴棄却。田中に懲役4年、追徴金5億円の一審判決を支持」です。角栄はただちに上告しますが、1993年に亡くなったことで最高裁の判決が下されないままに裁判は終結します。ロッキード事件で争われたのは角栄がお金を受け取ったということと、飛行機の購入に関する総理の職務権限についてです。

当初、角栄の弁護士はお金を受け取ったことを認めて、職務権限で争ったらどうかとアドバイスしたと言いますが、角栄は「俺が普通の者ならまだいい。しかし、日本国の総理大臣が外国の企業から金を受け取っていたとなれば、これは国の恥だ。後世まで歴史を汚すことになる。だから、何としても冤罪《えんざい》は晴らさなければならない。日本国総理大臣の尊厳のためにも、俺は戦わなければならないんだ」と断じて認めませんでした。

角栄が何より守りたかったのは日本国総理大臣という「看板」です。裁判上の駆け引きであっても、一つを認めれば看板は汚されます。自らの身の潔白を証明する以上に日本国総理大臣という看板の尊厳を守らねばならないというのが角栄の強い思いでした。

ポイント **プライドをかけて闘うべき時がある。**

98

Kakuei Tanaka Quotes

最後の最後まで
使命を全うする。

**ロウソクの灯の
消えないうちに、
やってしまわなければ
ならないことが多くある。**

『異形の将軍』上、12頁

田中角栄が1974年に総理大臣を辞任した時の年齢は56歳です。当時は55歳定年制だけに、定年と言えばたしかに辞め時ですが、政治家の世界には60代、70代もたくさんいるだけに、まだ老け込むには早過ぎました。

それでもロッキード事件による長い裁判は重荷であり、気力や体力を奪っていきます。時に「俺は午後3時の太陽なんだ」とつぶやきます。午後3時の太陽にはまだ十分な輝きや温かさがありますが、何時間かすれば確実に沈みます。さらに時は進み、1985年に竹下登を中心とした勉強会・創政会が旗揚げされた時には角栄は「竹下は昇りゆく昼の太陽。しかし、午後5時の太陽である長老の目にはまぶしすぎる」とも話していました。

一方で、角栄は選挙区では「郷土発展のため皆さんはこれからも事業で要求すべきはこの田中に要求すること。その意思さえあれば、私は必ずやる。ロウソクの灯の消えないうちに、やってしまわなければならないことが多くあるのです」と意気軒昂《いきけんこう》であり続けていました。人は誰しも年を重ねることで体力、気力が衰えるものですが、角栄は65歳を越え、弱気になりながらも、依然として強気であり続けようとしていました。

ポイント　**若い力の台頭を認めつつも戦う気力も持ち続ける。**

99

Kakuei Tanaka Quotes

徹底的に闘う。

おれは闘う目標ができた。
このまま
すりつぶされてたまるか。

『宰相田中角栄の真実』、124頁

田中角栄が内閣総理大臣を辞任したのは1974年、56歳の時ですが、辞任を前に前首相の佐藤栄作から「君はまだ若いんだぜ。いくらでも将来がある」という言葉を贈られています。たしかに政界では「まだ若い」だけに、カムバックのチャンスもあると見られていましたが、角栄自身は「俺は舞台を降りた中年増《ちゅうどしま》の芸者みたいなもので、再び舞台に戻る考えはないよ」と話していました。

しかし、角栄は1976年7月27日、外為法違反容疑で逮捕され、受託収賄罪と外為法違反で起訴されます。角栄は「被告人」となります。同年8月17日、保釈金2億円で東京拘置所から仮釈放された角栄は、田中派の国会議員を前にしてこう演説します。

「俺は闘う目標ができた。このまますりつぶされてたまるか」

以来、角栄は1993年に亡くなるまでの20年近くを裁判に費やすことになります。総理を辞任した時に「間が持つかなあ」と心配した長い年月は「闇将軍」と呼ばれながら権力を振るう一方で長い裁判に費やされます。しかし、念願の無罪を手にすることはできませんでした。

ポイント

信念があるなら闘う気持ちを持ち続けろ。

100

Kakuei Tanaka Quotes

イメージはつきまとう。

俺は法律に触れるような
悪いことはしていないよ。
人の噂も75日だ。

『異形の将軍』下、274頁

田中角栄にとって1974年は散々な年でした。前年10月に起きた石油ショックにより看板政策の日本列島改造を引っ込めざるを得なくなっただけでなく、74年7月の参議院選挙で自民党が惨敗、10月には月刊誌『文藝春秋』が掲載した「田中角栄研究・その金脈と人脈」(立花隆著)と「淋しき越山会の女王」(児玉隆也著)により、大きなダメージを受けています。

国会でも野党が文春の記事に関する追及を行いますが、当初、角栄は高をくっていたのか、「俺は法律に触れるような悪いことはしていないよ。いったん騒ぎがおこっても、人の噂も75日だ。いずれは収まるよ」と余裕を持っていました。たしかに角栄の行っていたことは逮捕されるとか、起訴されることではありませんでしたが、「今太閤」ともてはやされていただけに、「総理大臣が土地ころがしなどで金儲けをしていた」という負のイメージは予想以上に大きなダメージとなります。結果、角栄は同年12月に退陣しますが、「角栄=金権政治家」というイメージは長くついて回ることになります。「人の噂も75日」はよく言われることですが、どんなに時間が経っても拭えないイメージもあるのです。

ポイント

いったんついた「悪いイメージ」は長く残ると覚悟しよう。

101

Kakuei Tanaka Quotes

「ああ、角さんもこうなったわい」
というだけでいい。

勲章などもらわんでいい。
死んだら
ふる里の山の上に
石碑でも立てて、
郷関を出た時の夢を刻む。

『入門田中角栄』、302頁

田中角栄は大蔵大臣、郵政大臣、通産大臣を務め、内閣総理大臣まで務めたにもかかわらず勲章を授与されていません。本来、内閣総理大臣を1年以上務めた者には正二位・大勲位菊花大綬章以上が贈られるのが慣例ですが、角栄はロッキード事件の裁判中に死去したため刑事被告人のままであり、勲章が授与されませんでした。

勲章に対するこだわりがなかったわけではありません。人生を決めた恩人・大河内正敏が亡くなった時、角栄は元貴族院議員なら普通とされる「勲二等」ではなく、「勲一等」が授与されるように奔走します。しかし、角栄の奔走にもかかわらず「勲二等」のままであり、「どうしても吉田さんがうんと言わないんだ。誠に申し訳ない」と詫《わ》びています。

一方、自身の勲章に関しては「勲章などもらわんでいい。死んだらふる里の山の上に、『行人よ、余は田中角栄である。この下に眠る』と石碑でも建てて、そこに郷関《ごうかん》を出た時の夢を刻む」と話していました。最終的に勲章は授与されませんでしたが、上越新幹線の浦佐駅前には「田中角栄先生像」がつくられ、今も「政治家・田中角栄」を懐かしむ人は少なくありません。それは勲章以上に大きなものなのかもしれません。

ポイント **栄誉よりも、しっかりと実績を上げて名を残せ。**

参考文献

『20世紀　日本の経済人』
日本経済新聞社編、日経ビジネス人文庫、２０００年
『異形の将軍　田中角栄の生涯』上・下
津本陽著、幻冬舎スタンダード、２００４年
『越山田中角栄』
佐木隆三著、現代教養文庫（社会思想社）、１９９２年
『決定版　私の田中角栄日記』
佐藤昭子著、新潮社文庫、２００１年
『宰相田中角栄の真実』
新潟日報報道部著、講談社、１９９４年
『ザ・越山会』
新潟日報社編、新潟日報事業社、２００４年

写真提供一覧

カバー　©山本皓一
第1章扉　©文藝春秋／amanaimages
第2章扉　©文藝春秋／amanaimages
第3章扉　©kyodonews／amanair
第4章扉　©kyodonews／amanai
第5章扉　©kyodonews／manair
第6章扉　©文藝春秋／amanair

田中角栄《たなかかくえい》の言葉《ことば》 人《ひと》を動《うご》かす極意《ごくい》

2025年3月31日　第1刷発行

著者　桑原晃弥

ブックデザイン　bookwall

発行人　永田和泉
発行所　株式会社イースト・プレス
〒101-0051
東京都千代田区神田神保町2-4-7　久月神田ビル
Tel.03-5213-4700
Fax.03-5213-4701
https://www.eastpress.co.jp

印刷所　中央精版印刷株式会社

ISBN978-4-7816-2444-0